EL ESPÍRITU

DE LA

RESPIRACIÓN

CATALINA
ROJAS BENEDETTI

EL ESPÍRITU

DE LA

RESPIRACIÓN

Rocaeditorial

Primera edición: mayo de 2024

© 2024, Catalina Rojas Benedetti
© 2024, Roca Editorial de Libros, S. L. U.
Travessera de Gràcia, 47-49. 08021 Barcelona

Printed in Spain – Impreso en España

ISBN: 978-84-19965-06-6
Depósito legal: B-5898-2024

Compuesto en Grafime Digital, S. L.

Impreso en EGEDSA
Sabadell (Barcelona)

RE 65066

ÍNDICE

Introducción

Desde una edad muy temprana, mi curiosidad siempre ha estado relacionada con comprender el universo y el sentido de la vida. Una profunda búsqueda y una cierta insatisfacción con el mundo y la sociedad que me rodeaban me motivaron a explorar la expansión de mi propia conciencia y a navegar en lo más profundo de mi psique, más allá de lo que podía ver. Considero que mi camino se ha centrado en la conexión con lo invisible y en responder al llamado de mi alma y mi espíritu.

He vivido muchas vidas, he adoptado diversas facetas y nombres, y no cambiaría nada de lo que he experimentado. Todo ha sido parte de un emocionante viaje hacia el amor propio y la certeza de la interconexión que todos compartimos.

Siento un profundo amor por la naturaleza, por el ser humano y por lo sagrado. Me llena de emoción ser testigo y formar parte del actual momento de transformación que estamos atravesando como humanidad. Estoy comprometida en formar parte de un proceso de reeducación donde podamos abrirnos a formas más dulces, suaves y amorosas de sanación, recuperando el placer y el gozo como cualidades esenciales para acercarnos a nuestro máximo potencial y desarrollo.

Mi motivación actual se centra en acercar a las personas a experimentar su propia multidimensionalidad y reconectar con la parte más elevada de su Ser. Lo hago principalmente a través de la respiración, concentrándome en lo más sutil y cercano al mundo invisible. Soy una apasionada de todos los rituales y prácticas chamánicas de diversas culturas, y esta es la base y una parte fundamental de mi propuesta.

Mi intención es que podamos convertir en sagrado cada aspecto de nuestra vida, comenzando por nuestro propio cuerpo y nuestra respiración en cada momento. Comparto mi camino personal como un mapa que me ha sido dado para experimentar diversas facetas de lo que significa ser humano. Debemos vivirlas con dignidad y así abrirnos a asumir nuestra grandeza y merecimiento de una vida plena y en armonía.

Creo en el ser humano, creo en la bondad, creo en la paz. Sé que somos y venimos de la Luz y que tenemos una capacidad infinita de sanación y creación. Sé que juntos somos capaces de crear altas esferas de energía con la capacidad de limpiar cualquier patrón o creencia que ya no nos sirven de ayuda en el nuevo mundo que queremos construir.

Bienvenido a este espacio. Espero que sirva para ayudarte a recordar quiénes somos y así asumirnos con amor y totalidad. Aunque usaré el masculino singular para que la lectura sea más ágil, este libro está escrito para todos y todas.

Para eso quiero presentarte a mi fiel amiga, mi cómplice en esta experiencia que es vivir. ¡Mi amada respiración! Ella ha abierto en mí la posibilidad de este camino de autodescubrimiento.

Ella es mi compañera, mi musa. Delicada y paciente.

Es un Ser en sí misma. Tiene un Espíritu definido y actúa como mensajera de los mundos que están más allá de nuestra comprensión. Creadora de la vida, es nuestra aliada. Siempre dispuesta cuando la llamamos, siempre atenta y con ganas de mostrarnos lo maravilloso que es vivir. Es mística y elegante. Encuentra siempre espacios que llenar, puertas que abrir, conexiones que crear. Ella sabe perfectamente lo que necesitamos, cómo estamos, nos conoce, nos descubre y además nos alimenta. Es nuestra fuente de energía, nuestra compañera en el camino. Está aquí desde antes de que lleguemos a este mundo, es el primer contacto que tenemos con este plano, nuestra primera inhalación, nuestra entrada, y también nuestra salida, con nuestra última exhalación. Así, es testigo y guía de todo nuestro recorrido.

En este libro quiero animarte a apreciar a este Ser. Me encantaría que pudieras empezar a darle el valor que tiene, más allá de esa acción automática que realizas de continuo. Me encantaría que te enamoraras de Ella, sobre todo porque así podrías enamorarte de ti mismo. Estoy convencida de que en el propio reconocimiento de su esencia, como creadora y parte esencial de nuestra existencia, puedes encontrar un camino de autoconocimiento y de elevación de tu espíritu. Este libro te ayudará a contactar con la parte más sutil de ti mismo. Si te interesan solo ejercicios sencillos para generar un primer contacto con Ella, ¡los tendrás! Si quisieras profundizar en el funcionamiento de tus patrones y emociones, encontrarás un camino de autoconocimiento. Si además quisieras iniciar un camino de espiritualidad sin intermediarios y conectar con tu sabiduría de sanación innata, ¡también estás en el lugar adecuado!

Nos limitamos a nosotros mismos en cada respiración, inhalamos el mínimo de aire que necesitamos para sobrevivir, casi sin permitir que la vida corra por todas nuestras venas. Sin tener la sensación de que estamos vivos. Con miedo a sentir esa vida que se presenta, con miedo a desear algo más allá de lo que creemos que son nuestras posibilidades. De la misma manera exhalamos un mínimo de aire, como queriendo retener esa escasa vida que nos ha sido dada, apegados a lo pequeño, a lo poco que creemos que merecemos. Vamos generando un apego casi enfermizo a relaciones que nos maltratan, a trabajos que no nos llenan, a objetos que nos dan la sensación de pertenencia. Y no nos damos cuenta de que eso es un uno por ciento de lo que podríamos vivir y de lo que podemos llegar a vibrar.

Dentro de esa respiración corta, insuficiente, superficial, no estamos permitiendo que nuestra energía se exprese y vibre, y sin vibración estamos muertos, nuestra información no se renueva, no somos capaces de reformular nuestro mundo. Por eso, ya solo con nuestra forma de respirar podemos ampliar lo que somos. Nos basta con inhalar y exhalar profundamente. Inhalar para recibir vida y exhalar para soltar todo lo que ya no necesitamos, lo viejo, lo caducado. Somos mucho más de lo que podemos llegar a imaginar. Sin excepción y sin excusa.

Te invito a descubrir las posibilidades ilimitadas que tenemos como seres humanos, cómo nuestro cuerpo es el vehículo más increíble que podamos imaginar y cómo la magia está en cada célula, en cada esquina a donde miramos y en cada experiencia que se nos presenta como una oportunidad de expansión y evolución.

La respiración es el puente que nos ayuda a entender que somos seres multidimensionales, que existimos en muchas formas, que la realidad va más allá de lo que percibimos con nuestros sentidos, que existen mundos que nuestra mente no llega a comprender y que no hace falta comprenderlos, que hay partes de nuestra conciencia que existen en esos planos y que con nuestra pequeña forma humana no llegamos al inmenso misterio de la existencia.

Nuestra sensación de encontrarnos perdidos, incompletos, vacíos nace de la falta de comprensión de este espíritu del que formamos parte, de no concebir nuestra dimensionalidad y magnitud. Así, gastamos toda nuestra energía vital en mantener al personaje que creemos que somos, defendiendo nuestras opiniones, recreando nuestra historia y alimentando nuestros traumas. Aunque parezca increíble, ahí se nos va la vida entera, intentando llenar huecos que jamás podrán ser llenados y menos satisfechos. Nuestro personaje es necesario para transitar por este mundo, pero no es todo lo que somos. Y en estos momentos en que estamos evolucionando como humanidad, es ya urgente la emergencia del alma en cada uno de nosotros, y eso demanda conocernos en nuestra totalidad.

I. RESPIRACIÓN

1

¿Qué encontrarás en este libro?

Un libro es un mensaje, una oportunidad de expresar lo que percibes, lo que crees que es importante, lo que entiendes dentro de ti, en un lugar intocable que nadie más que tú conoce. En ese lugar sabes que estás solo y amas esa soledad, es tu mundo, tu forma única de traducir los inputs y estímulos que recibes del exterior.

Pero ¿qué te hace ser tú? ¿Qué es eso que te distingue como individuo? Somos traductores de energía, de la información abstracta que estamos constantemente recibiendo. Y de repente tienes la posibilidad de contarlo, de compartirlo, sabiendo que las palabras no son suficientes para explicar lo que percibes, porque es inmenso, y la inmensidad no se puede simplificar para ser expresada. Las palabras sobre el misterio solo le quitan potencia, importancia, profundidad..., así que tienes que confiar en lo que llaman «la transmisión», que es una onda vibracional que viaja a través de esas palabras aportando un sentido que va recorriendo corazones y uniéndose en un «¡Sí, entendemos!». Pero ¿entendemos todos lo mismo? ¿Estamos hablando de las mismas cosas? Seguramente no, pero eso no es lo que importa.

Lo realmente trascendental de compartir una idea o un sentimiento es que enciende en otro una luz de comprensión, que a su vez iluminará caminos y canales para que esa persona pueda descubrir sus propios secretos, sus propias vías de información, que están accesibles para cada uno de nosotros a través de la mágica forma personal y única que tiene cada individuo de traducir lo que percibe. Y hemos de ser conscientes de que esa información que compartimos ni siquiera es nuestra: es parte de una red de la que todos formamos parte, viene de la conciencia colectiva y se va transmitiendo de cuerpo a cuerpo, de Ser a Ser.

Así que el propósito último es inspirar y despertar una semilla en lo más profundo de la persona que lee este libro, convertido en una invitación al alma para que se fusione con el cuerpo desplegando sus capas como los pétalos de una flor que, al abrirse, genera una expansión hacia la luz y la vida. Esta sensación, a su vez, provoca un anhelo profundo de despertar y crecer.

¿Y las verdades? En realidad, el concepto de verdad es efímero, pues no existe si no resuena en lo más profundo de uno mismo, si no despierta el deseo en cada célula de nuestro Ser, ya que el deseo actúa como el motor que impulsa todo, las ansias de seguir un llamado, de explorar, de expandirse y buscar sin rastro de dudas ni interferencias mentales.

Empezaremos este viaje a partir del fascinante mundo que aporta la respiración y todos sus beneficios.

Ella, como un Ser, como un Espíritu, nos irá mostrando lo que significa estar vivo, nos guiará por un camino de plenitud y paz, para descubrir la magia intrínseca de lo que llamamos vida.

2

¿Qué es la respiración?

Cuando nos adentramos en el mundo de la respiración, es esencial que entendamos la forma tan concreta y directa en que influye en nuestro sistema nervioso. Este es el responsable de recibir información a través de los sentidos, procesarla y utilizarla para interpretar el mundo que nos rodea. Controla nuestros movimientos, nuestras funciones fisiológicas y las respuestas que generamos en nuestra interacción con el entorno, creando así nuestra realidad. Nuestro cerebro recibe constantemente información a través de nuestros sentidos y la utiliza para construir nuestra percepción de lo que existe. No tiene juicios u opiniones sobre lo que debería ser esa realidad externa, simplemente traduce y recrea lo que nuestros sentidos le transmiten.

La mayoría de la información sobre nuestro entorno va del cuerpo al cerebro. El cerebro es un órgano ciego, fiel e inocente. Recibe toda esa información por medio de miles de receptores que tenemos en el cuerpo, gran parte de los cuales se encuentran en los pulmones y la garganta.

La información que transmitimos a nuestro cerebro desde nuestra respiración es lo que él recibe y refleja como verdad.

Por consiguiente, si respiramos de forma caótica, superficial, él entenderá que la vida es así. Si por el contrario respiramos largo, profundo, pausado, se sentirá seguro y así formará la respuesta a esa realidad que está percibiendo.

Debemos entender la profundidad de esto tan sencillo que intento explicar. No es necesario conocer más detalles o complejidades. Imagina que, solo con cambiar y nivelar tu respiración, toda tu realidad cambia y se transforma. Tu forma de sentirte en este mundo cambia también.

Imagina que solo haciendo ejercicios tan sencillos como llevar tu conciencia a la respiración puedes generar tantos cambios radicales que se empiece a manifestar la vida que sueñas.

La respiración consciente provoca un impacto directo en la actividad cerebral. Por lo tanto, al modificar nuestros patrones respiratorios, podemos alterar el funcionamiento de nuestro cerebro. En él se dan diferentes patrones de actividad eléctrica que se pueden medir en forma de ondas cerebrales. Las ondas alfa (relacionadas con la relajación y la concentración) y las beta (asociadas con el estrés y la ansiedad) son dos tipos importantes. Debemos respirar de forma lenta y profunda, trabajando la expansión y relajación del diafragma, un músculo ligado a la respiración; es más, el diafragma es un músculo totalmente emocional.

Cuando hay emociones contenidas que no nos permitimos sentir, es el diafragma el que se contrae y reduce nuestra capacidad para relajarnos y soltar. Este músculo es importante para nuestra salud física, ya que ayuda al cuerpo a liberar tensión. El diafragma y el nervio vago están conectados anatómicamente y funcionan en conjunto para regular diversas funciones corporales, incluyendo la respiración y la respuesta del sistema nervioso autónomo.

El diafragma tiene forma de cúpula, se encuentra debajo de los pulmones y separa la cavidad torácica de la abdominal. Cuando inhalamos, se contrae y se mueve hacia abajo, lo que permite que los pulmones se expandan y se llenen de aire. Y cuando exhalamos, el diafragma se relaja y vuelve a su posición original ayudando a expulsar el aire de los pulmones.

El nervio vago, por su parte, es uno de los más extensos del cuerpo y forma parte del sistema nervioso autónomo.

Este nervio tiene un papel fundamental en la regulación de la actividad del sistema parasimpático, lo que significa que está involucrado en promover la relajación, la digestión, la disminución de la frecuencia cardiaca y la reducción de la respuesta al estrés. Durante la respiración, la estimulación del diafragma puede influir en el nervio vago, y viceversa. Esto supone que cuando se practican técnicas de respiración consciente que implican el uso adecuado del diafragma, se puede activar el nervio vago, de modo que nos sentiremos más relajados.

En cuanto al cerebro, cuando lo relajamos, este incrementa la actividad de las ondas alfa y reduce las ondas beta, permitiendo mayor concentración y calma mental. En el mundo actual, donde estamos expuestos a tanta actividad y estrés, es básico practicar y desarrollar registros en nuestro cuerpo para llegar a estos estados de paz y mantener un equilibrio emocional y mental. Este cambio en las ondas cerebrales está relacionado con la estimulación del sistema nervioso parasimpático, del cual veremos lo fascinante que es en nuestro desarrollo y en la regeneración de nuestro sistema.

Las emociones son una energía vibratoria en movimiento, ellas también vienen a nosotros con información del entorno. Inundan nuestra limpia forma, iluminando el camino que debemos seguir. Esto quiere decir que las emociones tienen un propósito específico de ayudarnos a navegar de forma humana y consciente por este plano de realidad.

No existen las emociones negativas o positivas, todas son representaciones de información que necesitamos recibir en determinado momento. Y cada una de ellas tiene su función específica. Al ser energía en movimiento, necesitan tener espacio en nuestro cuerpo, no quieren ser retenidas por él, desean fluir como el agua de la que estamos hechos. En ese paso por nuestros fluidos es donde esa energía encuentra el camino de salida.

El problema está en la idea de que debemos retenerlas en el cuerpo para no sentirlas. Pero esa idea es paradójica, ya que normalmente hacemos lo opuesto a lo que deberíamos. Al retenerlas o reprimirlas con la intención de no sentirlas, esas emociones se estancan en el cuerpo como bloqueos y tensiones, impidiendo que la energía fluya y se manifieste.

Estamos en una sociedad que teme sentir.

Ante ese temor, nos cerramos a vivir. Creemos que reprimiendo las emociones que vienen a nosotros podemos silenciarlas o hacerlas desaparecer, pero el cuerpo tiene un vasto registro de memorias detalladas que se impregnan en lo profundo de sus tejidos, órganos, músculos. Por eso es importante que aprendamos a gestionar nuestras emociones, ayudando a esa energía vibrante a moverse, ya que esa es su naturaleza.

Nada es estático, todo necesita entrar y asimismo salir. Empezar y terminar. Es una maestría aprender a soltar y permitir esa salida, esa liberación que las emociones necesitan.

Esta actitud de represión se evidencia más claramente cuando observamos nuestra respiración. La forma en que se manifiesta nuestra inhalación y exhalación es la representación exacta de cómo gestionamos nuestras emociones y manejamos nuestra energía. Así, opuestamente a lo que creemos, si trabajamos en el manejo de nuestra respiración, podemos llegar a transitar nuestras emociones con apertura y sabiduría.

La respiración es nuestra mayor fuente de producción de energía, esa es una de sus funciones específicas y más destacadas. Al ser energía, ayuda al flujo interno, por lo tanto las emociones también responden a ese movimiento que genera la respiración. Esto quiere decir que el manejo de nuestras emociones está directamente relacionado con la forma que respiramos. Empieza por reconocer en primer lugar cómo respiras, si es más fácil para ti inhalar o exhalar. En esa conciencia de tu forma de respirar vas a tener toda la información que necesitas para trabajar en ti mismo.

Primero inhala y exhala profundo, dejando que la respiración se manifieste de forma natural, sin forzar ni cambiar nada. Lo que buscas es saber qué parte de la respiración es más difícil para ti. Esto muestra el lugar desde donde debes empezar a trabajar. A veces queremos manejar nuestras emociones de forma racional, desde un esfuerzo consciente de programar nuestros pensamientos. Eso funciona, pero si lo simplificamos y vamos aún más profundo en esta técnica básica y fácil, nuestras emociones, pensamientos y creencias poco a poco van cambiando y generando un nuevo patrón que nos ayuda a descubrir con qué foco queremos afrontar nuestra vida.

La información que puedes recibir tan solo observando el movimiento de tu respiración va creando conciencia sobre lo que representa la inhalación y la exhalación. Ambos movimientos forman parte de un ciclo completo y representan la composición del universo. Por ejemplo, la inhalación se puede relacionar con la energía del día, impregnada de vitalidad, apertura, recepción, acción y fuerza, asociadas a la energía yang y al sol. Muestra nuestra disposición para vivir, nuestra destreza y vitalidad. Está relacionada con la dirección. Así, una dificultad para inhalar representa una dificultad para sentir o para abrirnos a vivir.

Es importante saber, ante todo, que no debemos juzgar nuestros patrones, solo adentrarnos en la curiosidad de investigar cómo funcionamos y así dirigirnos a los aspectos que más queremos desarrollar. Algo fascinante de la respiración es que es un acto involuntario y automático. Pero es el único acto involuntario que puede volverse voluntario, puede volverse intencionado y dirigido hacia donde queremos avanzar. Así, volviendo a las cualidades de la inhalación, normalmente estamos acostumbrados a respirar de forma no consciente, ¡adquirir esa consciencia es ya un paso grande para el cambio!

Respiramos usando nuestro mínimo potencial, solo

intentando sobrevivir, atados a un hilo invisible y débil que genera la mínima energía en nuestro interior para caminar o movernos. Pero imagina que usamos nuestra plena capacidad respiratoria, toda nuestra capacidad de inhalar. La inhalación está vinculada a nuestro sistema simpático, activado en momentos de movimiento y acción. Sin embargo, en la sociedad actual, obsesionada con el éxito y la productividad, tendemos a estar constantemente en un estado simpático sobrecargado y frenético, generando un desequilibrio entre acción y descanso. A menudo, el reposo está mal visto, lo concebimos como un tiempo improductivo a pesar de ser el momento en el que se regenera la energía gastada en la acción. Es igual de crucial que el momento de la acción. Mientras estamos activos, miles de células mueren, pero a través del sistema parasimpático podemos regenerar nuestra energía y esas células para recuperar un balance perfecto.

Existen nuevos estudios enfocados en descubrir las maravillas del sistema parasimpático y sus beneficios. Desde nuestra perspectiva lo importante es entender que el sistema parasimpático está relacionado con la exhalación. En la exhalación nos damos cuenta de cómo procede nuestro cuerpo para desintoxicar la sangre liberando toxinas y dióxido de carbono. A través de ella podemos aprender a soltar no solo toxinas, sino energía, emociones, aprensiones, pensamientos.

Es la exhalación la que nos ayuda a vaciar el cuerpo de la energía acumulada. Es en la exhalación donde aprendemos el arte de soltar, donde integramos la capacidad de relajar-nos. Soltar es un arte, ya que no sabemos cómo hacerlo.

En la exhalación se encuentra la guía para que el cuerpo aprenda a soltar de forma física.

Exhalas la energía que está acumulada en el cuerpo, que no ha tenido salida, aprendiendo a relajarnos por medio de ese acto de soltar y no retener.

Así como la inhalación se asocia al sol y a la energía yang, la exhalación está relacionada con la luna y la energía yin. La primera está relacionada con la vida, y la segunda con la muerte, ya que en cada exhalación hay una micromuerte. En la respiración vemos cómo estos dos movimientos se complementan a la perfección, hasta el punto de que podemos controlar e incorporar a través de esta herramienta cómo gestionar nuestra vida en su totalidad. Compensando bien estos dos movimientos, empezamos a poner en sincronía la vida y acción, con la muerte y la relajación.

Muchas de las personas que vienen a verme tienen grandes problemas para exhalar; esto se traduce en una dificultad para gestionar lo que sienten, para soltar relaciones, para limpiar sus viejos patrones, para entregarse y para confiar.

Por otro lado, vienen personas a las que les cuesta inhalar: esto representa su miedo a abrirse a sentir, a expandirse, a dejar que la energía fluya en su cuerpo y en su vida.

Ahora enfócate en tu respiración sin juzgar, solo observando qué es más fácil para ti. Describe lo que sientes cuando inhalas y cuando exhalas. Puedes idear imágenes o símbolos que te ayuden a darle más sentido a lo abstracto que sientes, y observa cómo reacciona tu cuerpo. Cuando tengas esta información, te recomiendo que intentes trabajar en eso que más se dificulta en ti. Así, cuando estás más cerrado a inhalar, intenta ejercicios contando y aumentando poco a poco hasta lograr inhalaciones más largas. Lo mismo si en tu caso es la exhalación lo que más se dificulta. Tenemos que entender que lo ideal sería respirar en tiempos iguales, tanto de inhalación como de exhalación. Esto aporta un balance al sistema nervioso que genera una homeostasis que es innata en nosotros. Nuestro organismo empieza a notar los beneficios de este balance y ese alivio repercute en nuestras emociones. Esto lleva a un bienestar holístico, ya que nuestros pensamientos empiezan a transformarse a partir de este bienestar.

Lo más importante de todo es la presencia que te lleva a quien eres y a cómo estás en cada momento. La capacidad de estar en nuestro cuerpo es un regalo. Muchos están solo en su mente. Esto deriva tarde o temprano en problemas de salud. Los órganos se sienten desconectados de la conciencia, el cuerpo genera tensiones que no son atendidas. Ahora es momento de entender que todo tu cuerpo está en constante comunicación. Por medio del sistema nervioso se transmite toda la información y comunicación que se genera entre órganos, músculos, tejidos. Así que imagina que funcionan sin supervisión. Van tirando como pueden, pero en algún momento algo termina desequilibrándose y, si no hay un observador de esos movimientos, nuestros sistemas se van agravando y expresando con más fuerza hasta llegar a enfermar. Cuando respiramos de forma consciente, damos al cuerpo la energía que necesita para distribuir vida por todas las partes donde la requiere. Nuestra respiración es la mayor herramienta para proporcionar al organismo todo lo que necesita.

En este libro voy a explorar los beneficios de la respiración desde una perspectiva que va más allá de la convencional.

Para mí, la respiración es mucho más que un proceso fisiológico: es la vía directa hacia la expansión de nuestros sentidos y nuestra consciencia. Es el puente que nos conecta con las partes más elevadas y espirituales de nuestro Ser, permitiéndonos redescubrir el camino de regreso hacia nuestra verdadera esencia. Es el camino de vuelta al origen.

En este caso, por medio de técnicas más conectadas y profundas, como la respiración circular, que es mi principal técnica de trabajo, se produce la estimulación de nuestras ondas cerebrales gamma, que son las que están relacionadas con los estados más expandidos de consciencia. Su actividad eléctrica cerebral se caracteriza por su alta frecuencia y están asociadas con estados mentales específicos, asociados en procesos cognitivos avanzados, como la percepción sensorial, la memoria, la atención selectiva, el aprendizaje y la conciencia. Generan una sincronización neuronal, esto quiere decir que distintos grupos de neuronas que están esparcidas por distintas partes de la corteza cerebral se sincronizan para tener una comprensión más amplia de un estado de información abstracta y poder integrarla.

Las ondas gamma son esenciales para nuestra capacidad de mantener un estado de conciencia plena, una atención focalizada, experiencias místicas y estados meditativos profundos. Estos estados pueden involucrar una mayor coherencia y sincronización de la actividad neuronal, produciendo experiencias de éxtasis, sensación de trascendencia o conexión con lo espiritual. Nos abren a la expansión de nuestra conciencia y experimentamos unidad. En el cuerpo, estos dejan registros que nos dan acceso a estas experiencias, actuando como una biblioteca interna a la que podemos recurrir cuando lo necesitamos. En consecuencia, las emociones que creamos pueden ser utilizadas posteriormente como un puente para generar de nuevo esas frecuencias y vibraciones. Enfocarnos en la expansión de estos registros emocionales nos brinda la oportunidad de reactivar esa conexión cuando lo deseemos.

3

Cuando Ella me encontró

Ella, la respiración, llegó a mi vida y se quedó para siempre. Como un romance de esos largos, lentos, que con el tiempo se hacen cada vez más profundos y adquieren aún más sentido. Cuando tuve mi primera sesión de respiración tenía diecinueve años. En ese momento muchas cosas pasaban en mi vida, una adolescencia complicada, una constante inconformidad con todo lo que me rodeaba, con la sociedad en la que vivía y con los pocos recursos que en ese momento se tenían sobre el manejo de las emociones.

Era 1998. Yo estudiaba Psicología, atraída por entender cómo funcionaba la psique humana y cómo encontrar caminos que pudieran dar respuestas a esa búsqueda que internamente me quemaba con respecto a qué era la existencia y qué sentido tenía esta vida. Desde muy pequeña siempre supe que había algo más que solo lo que podíamos ver, que debía existir algo más grande detrás de todo el absurdo que era esta vida. Así que siempre buscaba los límites de mi propia experiencia, de las reglas, de lo establecido, intentando tocar algo sublime que sabía de forma cierta que estaba ahí, pero a lo que no lograba acceder con facilidad. Desde pequeña el mundo de lo invisible fue parte fundamental de mi existencia. Mi padre murió cuando tenía un año y medio, y esto hizo que de alguna manera creyera en ángeles, estrellas, la vida más allá de lo que podemos contemplar.

Me hizo replantearme o más bien conceptualizar la muerte como un espacio existente, un mundo paralelo lleno de vida, entendiendo así que esta vida solo era una transición para otro lugar. Que nada moría, que todo simplemente cambiaba de forma. Mi fascinación por ese mundo fue creciendo cada vez más, tanto que mi sueño más profundo era llegar al momento de mi muerte de forma consciente. Esto hizo que desde muy joven investigara sobre la consciencia y cómo expandirla.

De forma natural entendí que venimos a este plano una y otra vez, aunque dentro de mí solo anhelaba que esta fuera la última vez que pasara por este planeta Tierra. Puedo decir que mi motivación máxima era la muerte y todo lo que tenía que ver con ella. Pasaba horas soñando con cómo sería ese portal que cruzamos cuando morimos. Tuve la suerte de acompañar a mi abuela en su momento de transición cuando yo tenía diecisiete años; ella fue una de esas personas que murió de forma consciente, y fue alucinante sentir el momento exacto en que su alma pasó el portal, ser testigo de cómo una onda de expansión se produjo en ese cuarto, en ese instante de total reverencia hacia la vida de esa mujer que luchó, gozó y reivindicó tantas cosas. Creo que ha sido de los momentos más profundos que he podido experimentar.

Años después, cuando cumplí los veinticuatro y tuve a mi primera hija, Magica, experimenté la misma onda de expansión que llenaba el cuarto en el momento en que ella atravesaba ese portal hacia esta vida, entendiendo que esa onda de expansión es la entrada y la salida de este lugar, de este plano.

¿Cuál sería ese otro lugar?, ¿hacia dónde vamos o de dónde venimos? Como entenderás, para mí, las respuestas que puede dar la mente racional a estas preguntas nunca fueron suficientes. Así que de alguna manera mi búsqueda inconsciente por esa onda expansiva de entrada y salida a esta vida empezó a llevarme a la profundización de los estados alterados de consciencia: esos lugares donde los límites del espacio se amplían, donde el tiempo ya no es lineal, se pierde en una sensación, donde el límite físico de tu cuerpo crece y se funde con lo que hay a tu alrededor; esa expansión del concepto que podemos tener de quién somos o de dónde empezamos y terminamos.

Entendí mucho más tarde que eso que yo buscaba era realmente la unión con el Espíritu, con la parte más elevada de mi Ser, esa parte intocable, divina, auténtica, pura: la parte de mí que pertenece a la fuente. No soy una persona religiosa, pero sí me considero extremadamente devota. Mi vida ha estado, desde que tengo uso de razón, y sin haberlo entendido de esa manera, al servicio del misterio. Ese ha sido mi motor, mi pasión y mi dirección.

Ahora que puedo entender un poco más cómo funciona mi propia psique y he ido teniendo experiencias que no dejan de ser cada vez más profundas, con más matices, más abstractas y sin palabras que puedan describirlas, lo que mi alma buscaba, incluso antes de que yo pudiera entender lo que la palabra *alma* significa, era la fusión máxima y total con el Espíritu. Finalmente mi impulso de muerte me llevó, de alguna forma, cada vez más cerca de lo que significaba la vida y cómo poder evolucionar en este plano.

¿Qué es lo que realmente hace especial el transitar este espacio tiempo que llamamos vida?

¿Qué es lo que se necesita para trascender esta existencia? ¿Qué es necesario para evolucionar, ir más allá?

Finalmente mi impulso de muerte me llevó a la experiencia más espiritual y sublime que mi alma pudo experimentar. Y sobre todo me llevó a vivir en plenitud.

Y de una forma casi mágica, mi aliada en todo este camino ha sido mi amada respiración, mi aliento, ese que me une con la parte más elevada de mi conciencia. A través de Ella he podido llegar a los límites de todo mi Ser, a expandir mis sentidos, a entender que soy parte del cosmos, que soy parte de una energía inmensa y vasta que va muchísimo más lejos del concepto que puedo tener de mí misma, que soy más que mi historia personal. Y lo más importante es que me ha llevado por el camino para encontrar mi paz.

Así que cuando me piden que hable de los beneficios de la respiración, como el de relajar el sistema nervioso, esa explicación, aunque totalmente cierta, y siendo uno de los mayores beneficios que nos trae la respiración consciente, a mí personalmente se me queda muy muy corta ante la inmensidad de su dimensión y alcance.

Volviendo a mis primeros encuentros con la respiración y a esa primera experiencia que me dejó ya unida a Ella para siempre, fue crucial el momento en que entendí de dónde venía mi melancolía. Estábamos en un *workshop* de todo un fin de semana en las afueras de Bogotá. Lo dirigían tres facilitadores chilenos que pasaban por Colombia haciendo talleres y encuentros. En estos talleres compartían sobre todo herramientas del Camino Rojo, como temazcales, caminatas sobre fuego y diferentes técnicas, entre ellas, la respiración circular y conectada por la boca. Hicimos algunos ejercicios para prepararnos para la sesión que iba a durar entre una hora y hora y media. Entré muy confiada, eran respiraciones rápidas por la boca, a mí me gustaban los extremos, así que no tenía mucho miedo de las sensaciones físicas que empezaban a venir. Enseguida vi la imagen de una sala de parto; en la puerta había una ventana pequeña donde yo podía ver a mi padre saltando para intentar ver algo desde fuera: era el momento en que vine a este mundo (después corroboré que efectivamente había sido así: él estuvo saltando, tratando de estar presente en mi nacimiento). Inmediatamente pasé a un túnel; era largo, todo se movía rápido: mi padre venía desde un lado y yo de otro, nos cruzábamos como de forma acelerada; la sensación es que éramos compañeros, amigos, él me explicaba que yo llegaba para darle el relevo, no supe bien qué quería decir con eso, pero una parte de mí sí lo entendió perfectamente. Teniendo en cuenta que realmente yo no tengo recuerdos de mi padre, ya que era muy pequeña cuando él murió y no tengo en mi memoria ninguna imagen suya, y que por lo tanto solo me he relacionado con él en sueños o en estados alterados de consciencia, ese encuentro fue bastante importante e impactante para mí.

4

La importancia de los símbolos

Antes de proseguir, debo aclarar que nuestra psique nos habla a través de símbolos, es la forma en que puede codificar la información abstracta que nos llega por medio de los sentidos. Los estados alterados de consciencia son la puerta de entrada al entendimiento de ese mundo más allá de lo tangible y racional. Y con estados alterados de consciencia me refiero a estados no ordinarios de la consciencia; por ejemplo, sueños, meditaciones, etcétera.

En este caso, la respiración, como puente a esos estados, nos acerca de forma directa a esas imágenes que están impresas en nuestra mente pero no somos conscientes de que habitan en nosotros. Como mapas de información, forman lo que somos y cómo percibimos el mundo que nos rodea. Esto se hizo evidente para mí en las primeras sesiones de respiración que experimenté. El acceso a este mundo simbólico fue tan fascinante que he dedicado mi vida a navegar entre estos estados para completar partes de mi alma que estaban fragmentadas y que podían reunirse de nuevo a partir de integrar la información de estas imágenes en mí. Así, de alguna manera, a través de estos estados y la relación con el mundo de los símbolos, podía no solo restaurar mis memorias, sino también fusionar el inconsciente con el supraconsciente.

Estos símbolos son, en la mayoría de los casos, inaccesibles con nuestra forma ordinaria de funcionar. Pero la respiración y los estados alterados de consciencia abren una puerta a este entendimiento, donde nos acercamos al origen de todo pensamiento y creencia que tenemos en nuestra mente consciente.

Un símbolo es mucho más que su interpretación literal, va más allá de su significado directo y visible. Tiene una especie de profundidad subconsciente que no se puede delimitar con precisión o explicar completamente. No se espera, ni es posible, definir con exactitud esta dimensión, ya que efectivamente son parte de algo que está alejado de la mente racional. Cuando nos enfocamos en el intento de entender el significado de nuestros símbolos, la propia mente es conducida hacia conceptos que están fuera del alcance de la razón, explorando ideas que trascienden los límites de la lógica y la explicación concreta. La forma en que la mente humana funciona es fascinante, debemos ser conscientes de que los seres humanos nunca entenderemos todo. El mundo que percibimos es un resultado de nuestros sentidos, pero no sabemos con exactitud cuál es el alcance de esos sentidos, cuán desarrollados están en nosotros. Por lo tanto, dependiendo de la percepción única de cada uno, el mundo se puede percibir de una manera u otra. Los inputs que están en el ambiente y que recibimos constantemente son millones. No alcanzaríamos a codificarlos todos o a registrarlos.

Por eso la mente necesita simplificar y elegir qué inputs son importantes para cada uno.

Esta selección está íntimamente relacionada con antiguos registros que ya tenemos, con memorias. Nuestras memorias son almacenadas y codificadas en nuestro inconsciente con el fin de crear modelos que se relacionen con los nuevos impulsos que recibimos de nuestro entorno constantemente. Pero la vastedad y complejidad de este hecho tan sencillo que describo aquí necesita de una organización y, sobre todo, de la certeza de que nunca podremos llegar a su inmensidad. Cada experiencia que tenemos esta teñida de un número ilimitado de factores desconocidos que necesitan ser organizados dentro de nuestra mente. Por eso los símbolos son como esa representación. Hay que añadir que cada uno de los símbolos está relacionado con la información disponible en su propio linaje, herencia, zona geográfica, religión…

Todo esto para explicar que los símbolos son códigos que, aunque universales, son personales e individuales en la forma de organizar nuestra percepción del mundo. Y están tan arraigados en nosotros que para traerlos a la consciencia necesitan un espacio y preparación para ser liberados.

Cuando tuve mi primera sesión de respiración circular y conectada, de repente mis brazos se empezaron a encoger sobre sí mismos. Una tensión extrema los hizo contraerse a la altura de mis hombros, empecé a sentir mucho dolor, todo estaba negro, yo no entendía lo que pasaba, no sabía en qué lugar estaba. Y cuando el facilitador me alentó para poner palabras a lo que estaba sintiendo, de mi boca salió un grito desde mis entrañas que decía: «Mis alas, me duelen las alas». En cuanto oí mi propia voz expresar esa afirmación, el dolor desapareció y empecé a ver y sentir unas inmensas alas de plumas blancas, unas alas pesadas que fueron desplegándose y liberando toda la tensión y la sensación de confusión. Y entonces estuve totalmente presente en eso que veía, en ese espacio nuevo para mí. Un Pegaso apareció a mi lado derecho y fue lentamente dando la vuelta alrededor de mí, como si fuera un protector, un guardián, mientras yo entraba en un estado de paz absoluta y conexión con ese momento único, no queriendo perderme ningún instante de lo que estaba viviendo. Era uno de esos estados donde estás suspendido en el tiempo y todo tiene sentido, o más bien, un espacio donde no hay ningún tipo de pregunta o duda.

Al día siguiente teníamos otra sesión de respiración; yo estaba lista para profundizar, expectante por entender qué eran esos estados de la mente sin tiempo ni espacio. Y lo más increíble es que podían generarse a través de mi propia respiración, estaba alucinando. La sesión anterior había transcurrido para mí como si fueran quince minutos, pero había durado una hora y media. Empezamos y esta vez me vi de nuevo con mis grandes alas, sin dolor, pero en este caso, esa mujer con alas se desplazó fuera de mi cuerpo y se puso delante de mí. Era un ángel, que no era yo, era diferente aunque tenía mi misma cara, ese ángel/ser tenía un bebé en brazos, era un bebé que parecía no humano. Ella estaba sumida en una tristeza profunda porque tenía que dejar a ese bebé aquí, en este planeta. Su dolor era grande e intenso, pero no tenía otra opción.

En ese momento algo muy profundo encajó en el fondo de mi psique.

Comprendí con una parte que nunca había entendido que la razón de mi melancolía venía del hecho de existir, de venir a este mundo. Siempre fui una persona muy melancólica, la tristeza era conocida para mí, pasaba horas sumida en esa sensación, que más tarde convertí en un estado de meditación. Pero hasta ese momento siempre sentía que necesitaba volver a casa, que no entendía qué hacía en este mundo, solo estaba segura de que este no era mi lugar.

Obviamente las imágenes de alas, Pegasos y ángeles son parte de mi constelación personal con las que mi mente da forma a aspectos tan abstractos como el cielo, la existencia o la melancolía.

Cada uno de nosotros tiene su propia constelación de imágenes, mitología y símbolos: ese tesoro oculto que es irrepetible y no comparable con nada.

Porque, aunque todos compartamos símbolos y arquetipos que son parte del inconsciente colectivo, cada uno de nosotros crea distintos patrones y circuitos únicos de conexión con esas representaciones inconscientes. Y cada mezcla y relación es lo que provoca que la traducción del mundo sea diferente para cada uno de nosotros.

La idea de que el hombre sobrevive a través de símbolos explica que como seres humanos dependemos en gran medida de la capacidad de crearlos y comprenderlos para dar sentido y significado a nuestra existencia. Esta no se limita a una vida de lucha por la supervivencia, hay un propósito y un anhelo de encontrar un sentido, eso es lo que nos hace humanos, esa búsqueda de regreso a la fuente, la comprensión de nuestra parte divina. Pero ¿cómo se podría explicar la divinidad? Es un concepto demasiado grande para que pueda encajar en nuestra mente racional.

Estos símbolos, por lo tanto, nos ayudan a comprender e integrar información más elevada. Y eso que buscamos, la necesidad de encontrar una identidad, un propósito, una conexión con lo trascendental, puede ser integrado en la psique a través de la relación con esos símbolos internos que están en nuestro inconsciente y que nos vinculan con el supraconsciente.

Es evidente que estamos incompletos y vacíos si no hay una conexión con el misterio.

Nuestra búsqueda innata nos acompaña desde el momento de venir a este mundo, y es esa búsqueda la protagonista del camino que transitamos en esta vida.

Es de inmensa importancia entender lo que significa el supraconsciente, ya que es la parte nuestra que está en relación directa con nuestro espíritu. Es desde ahí como accedemos a la comunicación con nuestra parte más elevada. Es la manera que tenemos de experimentar la espiritualidad. Es ahí donde parte de nuestra consciencia está unida a la Fuente. Esta es el espacio de creación más grande que hay, es la que genera la vida. En ese espacio no hay lugar para la dualidad, es un estado de pureza e inocencia, donde todo es creación. Nosotros estamos, como seres vivos, relacionados con esas cualidades de creación que habitan en ese espacio. Por eso es importante que el trabajo personal se dirija a entender y conectar con nuestra parte divina, con nuestra parte que pertenece a la Fuente. Algunos la llaman Dios, Vida,

Misterio, Gran Espíritu. Eso no es relevante. Lo importante es hacernos conscientes de que todos estamos conectados a ella. Cuando comprendemos que nuestra consciencia superior quiere simplemente experimentarse a sí misma, y que la creación es nuestro más grande poder, entendemos y nos empoderamos en el hecho de ser creadores. Así de necesario y vital es acceder a esta información.

No creas que es cuestión de unos pocos, eso es una mentira que hemos creído para no asumir lo importante de nuestra cooperación dentro de este tejido que llamamos vida. La respiración es una herramienta que nos acerca directamente a esta sabiduría innata que tenemos. Cambiando nuestro patrón respiratorio alcanzamos dimensiones diferentes de nuestro Ser. Trabajando a través de los símbolos que se manifiestan y liberan en una sesión, podemos integrarlos en nuestra psique, generando otra visión interna y conocimiento de lo que somos. En muchos casos que he podido observar en mi trabajo a lo largo de estos años, se encuentran ejemplos que muchas veces están relacionados con el tipo de información a la que acceden, aunque se representan con distintos símbolos e imágenes para cada uno, pero siempre llevan a las personas que los experimentan a una comprensión profunda de lo que es esa divinidad o conexión cósmica.

Es muy común que en sesiones de respiración las personas tengan sensación de ser universo, de ser una galaxia, de estar suspendidas en la inmensidad de las estrellas o en las profundidades del mar. Llegar a experimentar estas sensaciones es una sanación para la ilusión que tenemos de nuestro ego. Se entiende que somos algo mucho más grandes que nuestro pequeño personaje. Esta experiencia transpersonal nos ayuda a entender con todo nuestro sistema que hay un sentido transcendental que va más allá del ego. La sensación de totalidad y autotrascendencia es una medicina urgente en estos tiempos, donde ya no nos es suficiente sanar de forma personal nuestros traumas y seguir en el *loop* de lo que creemos que somos.

Siento que el ser humano está en un momento de despertar de la conciencia.

Está guiado por esa búsqueda y llamado interno de algo que supera el concepto actual que tiene de sí mismo y de cómo está formado el universo.

Al poder experimentarnos como universo y activar esa memoria, ya que todos contamos con esa información guardada en cada célula de nuestro cuerpo, podemos ampliar la sensación de lo que somos, contactar con el origen de la creación y con la magnitud de ese origen que está en nuestro interior. Ya no nos es suficiente lo que creemos, ya estamos ávidos de nuevos conceptos, de nuevas definiciones que nos acerquen más a un propósito o sentido de nuestra existencia. Esa es la razón por la cual cuando estamos en estos estados sin tiempo o espacio, donde nuestro cuerpo físico y mental se disuelve para unirse a una sensación universal, el alma respira y se transforma. Nada vuelve a ser igual, has podido despertar en ti una memoria que se vuelve un registro vivo en tu consciencia de ahora en adelante, que te dará otra concepción de cómo sentirte en este lugar, de cómo conocerte y experimentarte.

5

¿Cuál es nuestra herida primordial?

Una de las heridas más profundas que tenemos como seres humanos es la de existir. No somos conscientes, pero empezar una vida de dualidad en un mundo que no conocemos nos da la sensación de hallarnos en circunstancias hostiles. Hay un dolor y un sufrimiento que son inherentes a la existencia humana, y que dependiendo de su enfoque, ya sea filosófico, psicológico o religioso, va a variar. Pero existe una herida primordial que nos acompaña a lo largo de la vida y que es la responsable de que queramos entrar en una búsqueda más profunda de lo que somos, que busquemos una vía de entendimiento ante el sufrimiento y encontremos una forma de sanar esa primera herida.

La respiración ayuda a entender y sanar esa herida primordial, ya que uno de sus fines últimos es el entendimiento de que existe una interconexión y que todos estamos unidos por una consciencia que es más grande que nosotros.

Nos ayuda a experimentar en nuestro cuerpo la sensación física de pertenencia, apertura y unión con el todo. Solo un minuto de esta sensación es suficiente para reparar esa herida de no pertenencia o soledad que se crea en el momento de nacer.

Es liberador entender que existe un alma y que hay un propósito más elevado.

Es liberador comprender que pertenecemos a algo mayor y que hemos elegido, en un plano de esa consciencia, venir a este mundo para experimentar. Esto trae paz.

De esta forma, saber que tenemos el poder de elegir cambia nuestra relación con las circunstancias que atraemos, vivimos o creamos. Dándonos la capacidad de recrear un nuevo guion, una nueva historia, de observar de pronto que el sufrimiento que hemos estado teniendo ha sido creado con un fin, y si nosotros lo hemos creado, eso quiere decir que tenemos la capacidad de crear otra cosa.

En el momento en que entendemos el poder que tienen nuestras creencias en la creación de nuestra realidad empezamos a sincronizarnos con el tempo de la vida, en sintonía con esa creación.

Por eso, parte del camino espiritual está en descubrir que ya no necesitamos más sufrimiento para evolucionar, que hay una magia intrínseca en el universo y que nosotros tenemos acceso a ella.

De nuevo, estos conceptos pueden ser muy complejos para simplemente leerlos e intentar comprenderlos; es demasiado pretender que podamos entender en una frase lo que es el universo, el cosmos o la divinidad, no hay forma de integrar conceptos de una dimensión tan enorme.

Para mí, ahí es donde entra en juego la profundidad de la respiración circular y conectada. Por medio de Ella podemos llegar a comprender lo que es la vida y cómo se crea todo, partiendo de nosotros, conectando con la información que tenemos en cada célula de nuestro cuerpo, en donde se encuentra cristalizada la información de cómo se crea el universo. En el solo hecho de unir nuestra inhalación y nuestra exhalación estamos enviando a nuestro cerebro de forma micro la información de que hay unión: una unión entre la expansión y la contracción, una unión entre el exterior y el interior, una unión entre mi cuerpo y mi espíritu, entre tú y yo, entre nosotros y el cosmos. Es como un efecto fractal que trabaja desde lo más pequeño, como la unión de la inhalación y la exhalación, hasta la unión con el todo y la fuerza creadora de la vida. Así se sana la sensación de separación, de vacío y soledad, entendiendo que no existen los opuestos, que simplemente estamos en un mundo de polaridades.

Por lo tanto, me gustaría abarcar el tema de la respiración desde el prisma del puente de conexión con la esencia de la vida misma, de nuestro contacto con la naturaleza que somos y que hay en nosotros, y cómo esa naturaleza es el Espíritu mismo. En primer lugar hay que entender que Ella es la que se encarga de darnos vida, de generar energía en nuestro cuerpo para caminar, vivir, latir. Si la observamos con atención, Ella nos muestra cómo nos encontramos en cada momento, qué emociones estamos sintiendo, qué estamos necesitando, qué debemos nivelar en nuestro cuerpo para funcionar de forma óptima.

No sin razón, Ella ha sido la protagonista de tantas prácticas espirituales a lo largo de la historia del ser humano, empezando por el chamanismo, que es la medicina más antigua de este planeta. Los chamanes hacen uso de Ella para acceder a esa matriz de conocimiento por medio de los estados alterados de consciencia. Estos estados son la base para entender la vastedad de la existencia. Era uno de los caminos por donde se conectan con la espiritualidad entendiendo la verdadera naturaleza humana. Igualmente los yoguis, en la India, han desarrollado prácticas tan complejas como antiguas del manejo de nuestra respiración para acceder a lo que llaman «la iluminación», el nirvana. Tienen muchos tipos de pranayamas con diferentes objetivos, unos más físicos, otros más energéticos o espirituales, pero son conscientes de que la vía más eficiente y directa para manejar nuestra fisiología en favor del desarrollo de la conciencia es a través de la respiración.

El *breathwork* (o respiración consciente) nació en los años sesenta del siglo pasado, en un tiempo donde la sociedad estaba reprimida tanto a nivel sexual, emocional y de pensamiento, y era necesario algo extremo que generara esa liberación reprimida durante tantos siglos. Hasta finales de siglo XIX, con Sigmund Freud, no empezaron las primeras investigaciones sobre impulsos e instintos básicos, los mismos que deberíamos experimentar sin restricciones, debido a nuestra condición humana y animal. Fue la primera vez en la que se habló de un concepto como el inconsciente. La catarsis era casi la única opción que existía para permitir que esa energía contenida tuviera salida.

Resultaba evidente que debíamos liberarnos de los condicionamientos impuestos por una sociedad que sistemáticamente nos aleja de nuestra intuición y nuestra voz interna. Era una tarea difícil, sobre todo porque no había referencia de cómo manejar ese tipo de emociones. Surgieron entonces las terapias psicodélicas en los años sesenta recuperando toda la sabiduría ancestral sobre los estados alterados de consciencia. Como se sabe bien, estos estudios empezaron a salirse un poco de madre, se descontrolaron y ¡en ese momento entra la respiración en juego!

Lo hace con Stanislav Grof como uno de los padres y pionero de la psicología transpersonal y creador de la respiración holotrópica. El término «holotrópico» proviene del griego *holos* («totalidad») y *tropos* («dirección»). Grof y su esposa Christina desarrollaron esta técnica como una forma de acceder a experiencias profundas y liberadoras que pueden conducir a la sanación emocional y espiritual. Han dedicado toda su vida a la investigación de la expansión de la consciencia, centrando parte de su trabajo en las llamadas «emergencias espirituales», que en nuestra sociedad se han visto siempre como episodios psicóticos, pero ellos los defienden como estados de iniciación del alma que no han recibido el acompañamiento amoroso y consciente necesario para desarrollarse de forma óptima. Hablo de procesos como despertares de *kundalini* prematuros o iluminaciones espontáneas que, por falta de recursos y conocimiento, se han cortado o tratado de manera abrupta con medicamentos y aislamiento. Tengo que decir que mi admiración y amor por este hombre es inmensa. Su trabajo es impecable, dedicado y apasionado. Es uno de mis referentes más fuertes en todo el trabajo de la respiración, y por muchos años he seguido su método y forma.

El problema de nuestros tiempos con respecto a la respiración es que la hemos minimizado simplemente a su función fisiológica, hemos olvidado lo que ya nuestros ancestros conocían sobre Ella, abandonando la conexión y relación estrecha que tiene con la psique y el Espíritu. Las manifestaciones físicas o emocionales que muchas veces acompañan a la respiración han sido catalogadas como patologías. Ese es el ejemplo de la hiperventilación o de los ataques de pánico, sin reconocer que son episodios de sanación, que es el propio cuerpo intentando una liberación de la energía que tiene bloqueada. Los ataques de pánico son una muestra clara de la fascinante conexión entre nuestra mente y nuestro cuerpo. Actualmente se abordan con el fin de suprimirlos y controlarlos por medio de medicación. Pero si profundizamos en su naturaleza, podemos descubrir una perspectiva totalmente diferente: son manifestaciones de sanación intrínsecas a nuestro Ser.

Nuestro cuerpo tiene una sabiduría innata que sabe perfectamente lo que necesitamos.

Y va a buscar la manera de reajustarse y sanarse a sí mismo, incluso a través de la enfermedad.

Uno de los temas que más abordo dentro de mi trabajo es despertar esa inteligencia de sanación innata, esa sabiduría que es la encargada de nivelar, reorganizar y reajustar nuestra energía. La respiración ayuda a desbloquear y a abrir ese conocimiento que tenemos sobre cómo sanarnos a nosotros mismos. No hay nadie mejor que tú para empezar un proceso de autosanación. En nuestra sociedad nos han llevado a un nivel de dependencia tal que creemos que siempre necesitamos de otro que nos saque del agujero. Esto crea, en primer lugar, una falta de poder personal, sintiendo que somos totalmente dependientes y no tenemos las herramientas suficientes para gestionar nuestra propia vida. Y en segundo lugar, nos hace alejarnos de la verdadera función sublime de la dependencia que sana; es verdad que somos dependientes, pero en una forma mucho más orgánica, somos dependientes porque hay una interconexión entre todos como especie, como colectivo, y estamos íntimamente relacionados: cuando unimos fuerzas y trabajo, todo florece, todo se expande.

Nos necesitamos para brillar, para crecer, para potenciarnos.

Lo que no es sano es la visión de la necesidad de alguien que nos salve, de manera que las relaciones empiezan a basarse en dependencias tóxicas que implican actitudes encubiertas de manipulación y competencia.

Debemos aprender a ocuparnos de nosotros mismos, a sostener el espacio para nosotros. Eso no implica no pedir ayuda, pero sí tomar la fuerza y el poder que tenemos como sanadores que somos. Somos sanadores en el momento en que empezamos a conocer nuestra propia energía y así aprendemos a manejarla. Somos energía y vibración, y desde ese principio todo lo que percibimos como manifiesto es una representación de esa energía.

En nuestro cuerpo la energía fluye a través de canales sutiles, y en muchas ocasiones esta energía queda bloqueada por tensiones acumuladas, emociones que no han tenido espacio o experiencias extremas que se han convertido en traumas.

Todas las manifestaciones de energía que no han encontrado salida de nuestro sistema en una forma sana y fluida llegan a un punto extremo de necesitar ser liberadas. La energía va a buscar la salida como sea, y en el ejemplo de los ataques de pánico, se ve clara la intención de nuestro sistema de liberar esos bloqueos o memorias. Seamos conscientes de que la energía en este caso no ha encontrado una mejor vía para esa liberación, y aunque parezca que vamos a morir en el intento, es realmente un episodio curativo y regenerativo de nuestro cuerpo. Si somos compasivos con estas experiencias y trabajamos en favor de nuestro cuerpo y no en contra, podemos comprender que nuestra propia sabiduría interior busca equilibrar y sanar, y que cada síntoma o manifestación tiene un propósito inherente en este proceso continuo de autorregulación y reparación.

Un caso específico que quiero compartir es el de una mujer que tuvo una infancia extremadamente dura, sometida a abusos sexuales. De alguna manera su inteligencia de supervivencia hizo que su cuerpo se contrajera y se mantuviera rígido, intentando sostener la energía y evitar así el desbordamiento. Su actitud controladora y rígida predominó en su forma de vivir y moverse por el mundo. En el momento en que decidió navegar en lo profundo de sus memorias y quiso enfrentarse por primera vez de forma consciente a ese trauma para sanarlo definitivamente, empezaron a venir inmediatamente múltiples episodios de ataques de pánico. Era la energía, que por fin tenía espacio para ser liberada, que se mostraba una y otra vez en cada ataque que ella vivía.

Imagínate todos esos años en que la energía se bloquea en su interior, sin paso para ser manifestada y transformada… Pero la alquimia del trauma requiere que esa energía pueda ser expresada, en este caso por medio de estos episodios. Esta mujer, a la cual admiro enormemente, tuvo toda la valentía para transitar este proceso con total presencia y confianza. Dejó que estos episodios se dieran y pudo sostener el espacio para ella misma, sabiendo que era parte indispensable de su sanación. Solo tengo para agregar que después de todo este duro proceso, ¡esta mujer sanó su vida! Pudo llegar a tener la vida que soñaba, a estar en paz y en armonía, y a fluir con la vida llenándola de agradecimiento y bendiciones.

Así de poderoso es cuando decidimos y asumimos que podemos sanarnos a nosotros mismos, permitiendo y trabajando en equipo con la energía que se quiere manifestar a través de nuestro cuerpo. ¡Somos increíbles!

II. PROPÓSITO

6

Un propósito y un enfoque

En un momento de necesidad de profundo cambio y de seguir un llamado que venía desde muy dentro de mí, como algo que estaba intentando nacer y que me impulsaba a realizar una renovación drástica, sin mente, sin preocupación, sin prisa…, pero presente constantemente en mí, decidí moverme de país, de lugar, seguir ese susurro constante que tenía detrás de mi oído. Hay un momento en la vida que ya no puedes dejarte de lado más, que sabes que solo tú puedes vivir tu vida y que además es muy corta. Sabes que si paras, si te escapas, vas a morir lentamente y te vas a empezar a marchitar poco a poco. Tengo la suerte de que mi familia sabe que en un punto estoy loca y me apoyan en cualquier decisión que siento que debo tomar, confían en mi pulsión sin mente y, sobre todo, me aman profundamente. Saben que mis impulsos salen realmente de conexiones con mi Ser, que son llamados del alma que hay que seguir y atender.

Así fue como preparamos todo para irnos a vivir a Bali. Nunca antes había estado, sabía realmente muy poco de esta isla. Pero como ya he dicho, hago poco caso a mi mente y le doy más valor al ritmo en que la vida me va poniendo y a las sensaciones corporales que mi cuerpo presenta en momentos de certezas. Hace tiempo entendí que necesito trabajar en equipo con la vida y que mi cuerpo es el que traduce todas las señales que ella me envía, me va mostrando y yo voy escuchando y siguiendo los pasos que sabiamente se ponen en mi camino. Sabíamos que teníamos que movernos, cambiar, pero no sabíamos cuál era ese lugar donde todos pudiéramos encontrar algo propio.

Una muy buena amiga me invitó a una ceremonia en un barco en Formentera. La única intención de esa ceremonia era recibir la instrucción del lugar al que debía llevar a mi familia, cuál sería ese siguiente paso. Y las instrucciones fueron dadas de forma clara y contundente. En un momento un pequeño barco se acercó al nuestro; de él se bajaron tres seres divinos luminosos y plenos, dos hombres y una mujer; nos sentamos todos en círculo, la mujer a mi lado; con una belleza de fuera de este mundo, no solo físicamente, sino proveniente de su certeza de saber quién era, emanaba de ella la energía de una mujer en plena consciencia de sí misma, de ocupar su lugar. Tenía esa aura expansiva que tiene la gente cuando está en su poder más elevado. Empezó a hablar y compartió un rezo: «Quieres vivir una buena vida o quieres vivir la mejor de tus vidas». Y esa frase entró como un relámpago en todo mi cuerpo atravesándome entera y dándome la certeza total de «Sí, quiero vivir una vida extraordinaria, la mejor de mis vidas posible». En ese momento le pregunté: «¿De dónde vienes?», y ella se volteó a mí con sus ojos brillantes y me dijo: «Vivo en Bali, deberías venir a vivir aquí, muchas personas están compartiendo su más alto propósito». Obviamente para mí la señal fue más clara imposible... Así que en menos de tres meses ya habíamos empacado todo, regalado muebles, ropa, objetos, etcétera, y comprado tres *backpacks* para empezar una vida nueva con el menor peso posible.

Bali parecía el lugar perfecto, había algo en esa isla para todos, teniendo en cuenta que en ese momento tenía a mis dos hijas en unas edades especiales: Magica, de catorce años, en plena entrada a una adolescencia complicada, y Brisa, de tres, sobre la que cualquiera pensaría que era muy pequeña para viajar a Asia. Además, estábamos mi pareja, Mau, que es amante del mar y del surf, y yo, que sabía que Bali era la meca del *breathwork,* así que pensé que era un lugar perfecto para mi trabajo y mi expansión con la respiración.

A medida que me fui acercando al momento de hacer ese gran cambio, una fuerte sensación empezó a aparecer en mí: la de una mujer que me estaba esperando hacía mucho tiempo allí. Era extraña, pero muy poderosa, sentía cómo debía llegar a ese encuentro, me atravesaba la certeza de que muchas cosas cambiarían en mí. Era una certeza absoluta de un futuro que ya estaba existiendo y que yo solo tenía que ir al encuentro. Ahí empecé a entender que de alguna forma el futuro es algo que ya existe, que nuestro pasado va trazando el camino hacia ese lugar. Siempre lo había visto al revés, como si tuviéramos que crear un camino que llevara como meta a un futuro, como si el futuro fuera una consecuencia de nuestro esfuerzo por alcanzar eso que nos habíamos planteado conseguir. Pero algo interno lo empezó a ver totalmente al revés y a ser testigo de cómo cada situación en mi vida, sin darme cuenta, me estaba preparando para ese encuentro con mi yo del futuro.

El futuro está existiendo y solo hay que sintonizar con él y entrar en escucha de la vida y sus direcciones.

Porque Ella va guiando paso a paso.

El problema surge cuando no estamos atentos a las señales que se van presentando.

En resumen, ¡fui a ese encuentro! Con total confianza, sin dudar, con el cuerpo vibrante y resonando en cada rincón interno de mi Ser. Así llegué a Bali, confiada y ciega. Y efectivamente muchas cosas cambiaron para mí; principalmente, de nuevo, mi relación con la respiración.

Durante más de quince años dediqué mi trabajo a explorar técnicas de respiración rápida, llevando a las personas hasta los límites de sus capacidades mentales para trascender y evolucionar. Mi enfoque se centraba completamente en el poder de la catarsis como vía de sanación. Evidentemente, observaba los resultados con claridad; sin embargo, siempre tenía una sensación interna de que faltaba algo crucial para completar el proceso. Me veía en muchas ocasiones con cuarenta o sesenta personas respirando en una sala, todas entrando en catarsis, liberando bloqueos, trascendiendo sus límites. Yo estaba tan presente, salía de mí una fuerza inexplicable para sostener esas dos horas de locura colectiva, gritos, llantos, convulsiones. Al final de la sesión siempre había un círculo de palabra donde se compartían los relatos más increíbles, sobre haberse convertido en felinos, encuentros con ancestros, sensaciones de volar, volverse cosmos, traspasar traumas de infancia tremendamente dolorosos o asustadores, revivir existencias pasadas. Todos con caras de sorpresa, de niños, de lo increíble de navegar en esos mundos. Yo terminaba recargada de esas experiencias, llena de energía, viva. Pero cuando llegaba a mi casa tenía una sensación interna y una pregunta clara en mí: «¿Está bien que haga esto?».

Durante muchos años busqué encontrar otra herramienta con la que ayudar en esos procesos de sanación en las personas. Estudié diferentes formaciones, como arteterapia, la psicología de la Gestalt, programación neurolingüística, kundalini yoga…, pero siempre la respiración volvía a aparecer, de una u otra manera, buscándome y llamándome.

Y fue cuando llegué a Bali y pude ver los espacios de *breathwork* que se abrían, que por última vez me dije: «Esto no es lo mío, no quiero pertenecer a este mundo». En España, que es donde normalmente trabajaba, no había mucha noción o conocimiento del *breathwork*, poca gente lo practicaba. En cambio, en Bali era tan popular como el yoga. Por eso pensé que sería el lugar perfecto para expandir mi trabajo. Pero lo que me encontré en muchos lugares fue un mal manejo y protección del espacio, un ansia por llegar a la catarsis muchas veces sin tener el conocimiento suficiente sobre cómo funcionan el trauma, la psique, las heridas, cómo sostenerlas, ni del acompañamiento posterior que necesitan esas heridas abiertas en canal.

Me puse a pensar en cuántas de esas personas que venían a mis sesiones grupales se fueron a su casa sin querer volver a tener una experiencia con la respiración. Cuántas personas se sentirían desprotegidas o reviviendo un peligro sin haber llegado a repararlo. De alguna manera pude verme reflejada como en un espejo y corroborar que mi sensación de llevar a las personas a la catarsis estaba caducando dentro de mí.

Llegué a comprender que para mí la auténtica sanación iba más allá.

Comencé a ver la importancia del espacio de integración y reparación en el proceso de transformación. La catarsis, sin lugar a dudas, cumple la función de liberar. Actúa como una liberación de energía que ha estado confinada y reprimida en el cuerpo durante largo tiempo, y que precisa ser expresada y exteriorizada. De hecho, la catarsis suele constituir una etapa vital del proceso.

Sin embargo, ¿tras esta liberación? ¿Cómo se llena ese espacio dejado por la catarsis? ¿Cómo se integra ese vacío? Estas cuestiones me llevaron a un nivel de reflexión más profundo. ¿Acaso la verdadera sanación debe llevar al sistema nervioso a un estado de activación tan intenso que desencadene una respuesta de estrés en el sistema simpático, replicando una reacción de lucha o huida ante un trauma? Me encontré planteándome si revivir los traumas pasados y las vivencias dolorosas era un requisito necesario para lograr la liberación y la sanación. A pesar de haber considerado la catarsis como esencial durante muchos años y como la base total de mi trabajo, llegué a la conclusión de que necesitaba explorar en nuevas direcciones.

Así fue como cambié por completo la forma de respirar. Pasé de respiraciones rápidas a respiraciones muy lentas, por la boca, de forma circular y conectada, pero intentando nivelar la parte más yin con un ritmo suave y más pulsado. Así, la mente de alguna forma es testigo del lugar al que está entrando, y elige entrar, se siente segura de revelar eso que se encuentra en el fondo de su psique, de su alma.

Me imagino que como terapeuta siempre enfocas tu trabajo en lo que estás necesitando personalmente. Tu trabajo resulta ser una extensión del camino que vas recorriendo y los pasos que vas dando en tu evolución. Y la verdad es que yo necesité mucha catarsis; de alguna manera y con el tiempo, fui cambiando y mi enfoque o necesidad también fueron cambiando. Entendí también que nuestro momento como humanidad estaba transformándose y que estamos preparados para sanar desde otros lugares que no tienen que suponer siempre ir hasta el extremo.

Quiero pensar que como sociedad estamos más preparados para abrirnos a una nueva manera de sanación, que nuestras mentes y cuerpos están listos para asumir la paz y la armonía que nos merecemos, sin la necesidad de la lucha constante. Que podemos rendirnos hacia la vida y ceder nuestro esfuerzo en beneficio de un mundo más conectado con el Espíritu y con la naturaleza. Este cambio de perspectiva marcó un punto crucial en mi camino.

Comprendí que la verdadera sanación no se limita a la liberación momentánea de energía contenida.

La auténtica transformación emerge cuando abrimos espacio para la integración y reparación, permitiendo que las partes liberadas de nosotros encuentren un nuevo equilibrio.

En lugar de centrarnos únicamente en la liberación explosiva, comenzamos a explorar formas más dulces y amorosas de sanar, reconociendo que el sistema nervioso no necesariamente requiere ser empujado al límite para experimentar la sanación profunda. Podemos aprender a ser respetuosos con nuestras propias limitaciones, a crear un ambiente seguro y compasivo para que cada individuo se cure a su propio ritmo. Este cambio de enfoque no anula la importancia de la catarsis; simplemente amplía nuestro entendimiento de lo que significa sanar de manera holística. Nos lleva a liberarnos de la noción de que debemos revivir cada trauma para superarlo. En cambio, encontramos la valentía de confiar en la inteligencia innata de nuestro cuerpo y su capacidad de encontrar su propio camino hacia la sanación.

En retrospectiva, veo que mi evolución en el trabajo de la respiración refleja el viaje de autodescubrimiento que todos compartimos. En nuestra búsqueda de sanación, evitamos el camino de fuerza y abrazamos el camino de la comprensión profunda y el respeto por nuestro Ser en constante cambio. A medida que continuamos explorando las maravillas de la respiración y la sanación conscientes, descubrimos una nueva dimensión de autocuidado y amor por nosotros mismos y por los demás.

Ese fue uno de los regalos que me ha traído Bali; aquí inevitablemente entré en contacto con la medicina de la dulzura, del agua, de las flores, de los rituales. Empecé a convertir mis espacios de terapia en ceremonias, a darles la importancia sagrada que tiene un lugar donde la persona viene a abrirse desde lo profundo, se muestra vulnerable y comparte un llamado hacia la sanación. Entendí que el respeto y la admiración por ese acto es sagrado y que, más que ser un encuentro terapéutico, es un encuentro de almas. Un llamado a la memoria primordial para que descienda y transforme.

Siempre lo sentí de forma orgánica así, pero no lo tenía tan nombrado o definido. Empecé a reforzar el respeto absoluto por los ritmos de cada persona, por los tiempos, por cuidar sus corazas como aliadas, y a tener la paciencia y el amor de dejar que todo se abra a su ritmo y en su momento. Como consecuencia, empecé a ofrecer formaciones para preparar a los facilitadores, sobre todo a nivel ético, a generar la consciencia en ellos sobre la importancia de ser auténticos y honestos con el proceso personal en el que están, sabiendo que la calidad de su trabajo dependerá totalmente de esa honestidad con ellos mismos, de saber cuáles son sus limitaciones y también sus dones. Y que nunca han de perder el reconocimiento de sus equivocaciones, y deben ser extremadamente compasivos con ellos honrando su camino y su parte humana. ¡Así nació In Breath!

7

¿Qué es In Breath?

In Breath no es solo mi método, es un espacio sagrado, como son aquellos por donde navegamos en la profundidad de nuestra psique, dependen en mayor parte de la empatía y el campo energético que se crea durante la sesión. Eso es lo que le da la confianza a la persona que viene a recibir, para poder abrirse de forma segura. Para eso, la persona que facilita ese espacio debe tener trabajado su propio campo energético y vibracional. Esto va a depender primero de cómo esa persona ha transitado por espacios similares, de cómo ha gestionado sus propios traumas y del grado de compromiso con su trabajo espiritual. Estamos hablando de una técnica terapéutica que realmente es un contacto con el Espíritu, eso requiere de un espacio cuidado y activado energéticamente.

Para generarlo necesitas haber atravesado lugares personales y experimentado una sanción previa. Y saber que el trabajo personal nunca acaba, siempre estamos en constante evolución, llegando cada vez a capas y espacios más profundos. También debe haber una coherencia entre lo que ofreces y lo que encarnas. No es posible compartir algo que no ha pasado por ti primero. Yo siempre les digo a mis alumnas: «Yo he estado en el infierno y por eso sé cómo salir de ahí». Y así ha sido.

En 2001 me fui con veintitrés años a vivir a Barcelona, y estuve casi dieciocho años teniendo ese hogar. Fue el lugar donde crecí y me formé. Llegué llena de esperanza en una nueva vida, y me encontré y sentí por fin en un lugar donde mi alma podía vivir en libertad. La vida, los pactos de alma y la inocencia me llevaron a vivir experiencias extremas en los primeros años, y poco a poco fui cayendo en un mundo de oscuridad y toxicidad, experimentando mi sombra en su máxima potencia. Pero como suelo entregarme y vivir con total intensidad, así fui hundiendo y experimentando extremos, de los cuales no me arrepiento bajo ningún punto de vista. Fueron mucho más poderosos que cualquier posgrado o estudios que haya podido realizar. Fue una vivencia donde me sumergí en la experimentación de todas mis emociones y densidades. Liberé traumas, los recreé y los sané, muriendo en cada faceta conocida mía, entregándome a esa muerte con plena convicción.

Recuerdo que uno de los miedos más profundos que tenía en esa época era respecto al futuro. De alguna manera pensaba que mi vida siempre sería así, que no había salida posible para mí. Toqué fondo, como suelen decir, me resigné, y mi poder personal estaba lejos de ser ni siquiera intuido.

Ahora, cuando miro atrás, agradezco y honro a mi alma por sus decisiones.

Y sobre todo, agradezco enormemente a la vida, ya que en este momento presente he superado con creces mis expectativas o ilusiones. Puedo decir que he aprendido a vivir y que la plenitud a la que se llega cuando confías y sigues en la búsqueda de tu bienestar es incalculable.

Una de las preguntas que suelo hacer en mis formaciones es: «¿Querías venir a este mundo?». Muchas personas ni siquiera se han planteado que se pueda elegir venir, de alguna forma simplemente se han sentido presas o víctimas de sus circunstancias, siempre culpando a las experiencias o situaciones externas.

Pero algo mágico pasa cuando entendemos que esta vida, y todo lo que forma parte de ella, ha sido una elección de nuestra alma al venir a este plano.

Te sorprenderías al ver los ojos de asombro y tristeza cuando la respuesta a esta pregunta es no. Pero lo impactante es que al decir ese no, al hacerlo consciente, inmediatamente una parte interna se calma, cede, deja de luchar y se entrega. El solo hecho de reconocer que hay partes de nuestra naturaleza que van más allá de lo que creemos que conocemos es una liberación. Debemos tomar consciencia de que las experiencias que hemos tenido en nuestra vida, incluso el venir a este mundo, son parte de estos compromisos y pactos que nuestra alma ha realizado. Personalmente esto me ha dado una libertad absoluta. No me siento culpable, no me juzgo, confío en la sabiduría de mi alma al haber elegido estas opciones para mí, confío en que su sabiduría es más alta que lo que pueda entender con mi parte humana, confío en que cada acto o experiencia trae en sí una oportunidad de evolucionar y crecer.

Así, hago de cada suceso en mi vida algo sagrado y poderoso. Trabajo en no dejarme nublar por los juicios de lo que está bien o mal. Y siento que este trabajo tan profundo de aceptación y posterior responsabilidad sobre lo que atraigo y donde me veo parada es un trabajo sublime y espiritual. Siento que todas estas experiencias de «oscuridad» me han llevado por un camino de conocer y cultivar la Luz. Siento que han dado profundidad a mi parte humana, creando una empatía especial y conexión directa con la calidad de mi trabajo. He experimentado lo humano en todas sus facetas. Y eso no tiene precio. Tener un abanico amplio sobre el espectro de las emociones ha sido un regalo que me he hecho a mí misma. Por eso es importante, en un proceso terapéutico, el trabajo con la «sombra»; sentirte cómodo con la parte más oscura de ti te hace más completo, más compasivo, más real. Y, en mi caso, me ha ayudado a aceptar y a entender a los demás sin juzgarlos y con mucho amor.

8

Energía e identidad

Todo lo que percibimos son emociones, pensamientos, relaciones: expresiones de energía con distintas densidades.
Nosotros somos pura energía en movimiento y creación.
Somos electricidad, vibración, onda. El tejido latente de
nuestra realidad es la energía en sus diversas manifestaciones. Desde las emociones que fluyen a través de nosotros
hasta los pensamientos que dan forma a nuestras percepciones, todo es energía en movimiento constante, de donde
emergen patrones, densidades y frecuencias diferentes dando
lugar a lo que experimentamos en nuestro mundo cotidiano.
Cuando sientes una emoción intensa, estás experimentando
una expresión evidente de energía. Es como si fueras un re-
ceptor sensible que capta las vibraciones sutiles que fluyen
a través de ti. Incluso los pensamientos, aunque invisibles,
también tienen una energía esencial. Desde el pulso rítmico
de nuestro corazón hasta las interacciones electromagnéticas

que mantienen nuestras células juntas, todo en nosotros es energía y movimiento.

Cuando respiramos estamos activando nuestra energía.

Es muy común sentir electricidad por todo el cuerpo, cosquilleo, vibración, sentir que el cuerpo crece, se expande, y es ahí donde podemos ampliar el concepto que tenemos sobre nosotros mismos, al entender por medio de la sensación corporal que es real que somos energía; no es solo una teoría, o algo que hemos leído, está aquí, en nosotros, presente en nuestro cuerpo.

Cuando alguien en una sesión de respiración puede percibir todo su cuerpo en total vibración, sintiendo la energía expresarse, se produce un antes y un después, ha abierto una puerta que no tiene retorno, ya nada será igual en la forma como se percibe y en la que percibe el mundo.

En una ocasión en una sesión grupal, pregunté: «¿Alguien de aquí es controlador?». Era una pregunta que solía hacer con frecuencia en las sesiones grupales, ya que el tema del control es uno de los más importantes para permitirte tener una experiencia completa dentro de una sesión de respiración. Lo que buscamos es permitir que la energía fluya en su totalidad, que pueda activarse para abrir espacios internos al mismo tiempo que va liberando bloqueos energéticos producidos por experiencias que no han podido tener una vía de salida de nuestro cuerpo.

Una mujer de unos treinta años, con gafas, aparentemente muy rígida, tímida, levantó la mano sin pensarlo y dijo: «Yo». En el momento en que empezamos a respirar por la boca de forma circular y conectada, simplemente pasaron unos cuantos minutos y esta mujer que se consideraba la más controladora de la sala empezó a tener un orgasmo de cuarenta y cinco minutos sin parar. Fue una de las sesiones más hermosas que he visto, ella en total gozo de su energía, sintiendo la vibración atravesarla y expandirse en esa sensación de placer absoluto que no podía ni quería dominar.

Esa es la libertad de experimentarse sin límites, sin importar el entorno, las consecuencias o las formas. En total presencia con lo que estaba sucediendo en ese instante, sintiéndose a ella misma como nunca antes lo había hecho, fue toda una revelación para ella. Y como comprenderás, cuando se levantó, con el pelo totalmente salvaje, la cara distendida, los ojos abiertos de asombro, yo le dije: «Creo que no eres una persona controladora...». Y así fue como su vida cambió por completo, solo siendo consciente de que el concepto que ella tenía de sí misma era falso. Seguramente en algún momento de su vida necesitó tener una actitud de control como una reacción de defensa frente a un entorno del que necesitaba protegerse, pero era evidente que hacía tiempo que esto había cambiado y se había transformado, y ni siquiera había podido ser testigo de ese cambio, ya que estaba estancada en una idea fija de lo que era ella. Después de eso, vino a varias sesiones simplemente para matizar, transformar y acompañar la integración de esa nueva energía que había despertado en ella, de ese fuego de creación que había permitido manifestarse a través de ella.

Y este es el caso de muchas personas que viven bajo el recuerdo de una descripción limitada de quiénes son, que muchas veces está caducada y ya no pertenece al yo actual. Simplemente porque en nuestra sociedad nos piden o exigen que nos definamos de forma concreta, que tomemos un partido, una polaridad, que nos volvamos estáticos en una serie de cualidades y defectos para poder «ser alguien».

Pero esta imposición obvia de que somos seres que constantemente estamos mutando, cambiando, creando, que nada en nosotros es estático, porque cada contacto con una nueva experiencia, con un nuevo vínculo, nos transforma. Nos perdemos esa hermosa transformación por sentir o creer que somos algo definido, negando todas las posibilidades que están al alcance de nosotros a cada minuto y a cada paso que damos en el camino de esta vida.

Algo que tengo como práctica desde hace muchos años es preguntarme cada día: ¿quién soy hoy? O ¿cuál es la intención del trabajo que hago? Me encanta mantener viva siempre esa posibilidad y también estar atenta a los cambios que voy teniendo.

Una de las cosas que más amo de hacer este trabajo

es que para mí solo hay belleza en cada ser humano con el que me cruzo. Cada vez que tengo a una persona acostada frente a mí, con los ojos cerrados y entregada a su respiración, lo único que brota es belleza pura; entre tensiones, entre llantos, entre risas, solo hay belleza. Mi trabajo me une constantemente a la parte más esencial que reside en nosotros. Y eso es Luz, amor. No importa cuál haya sido el camino de esa persona, ni las defensas que haya creado para navegar las situaciones dolorosas en su vida. Porque algo que tenemos que saber es que las actitudes más hostiles, negativas, agresivas o egoístas que podamos percibir en otro son siempre fuente de un intento de su Ser por defenderse de un dolor.

No estamos en un mundo de villanos y verdugos, solo estamos frente a corazones que han sido víctimas de un dolor tan grande que muchas veces han optado por reaccionar de forma destructiva para protegerse y defenderse.

Pero cuando damos la oportunidad de que esas heridas y protecciones cedan, si damos el espacio y la compasión para saber que hasta esas heridas son bienvenidas y entendidas, la magia aparece y la belleza brota indudablemente.

En todos estos años viendo a miles de personas respirar, he concluido que, al final, lo que estamos buscando y necesitando es amor, apoyo y reconocimiento. Esa es la medicina. Y aunque parezca un cliché, no lo es.

Hay una necesidad intrínseca que todos tenemos como seres interconectados.

Y esa necesidad es la unión, la empatía y la conexión con otros y con la vida. Esta es la base de todo. El sufrimiento solo es la desconexión con esa verdad, la sensación de no ser amados o aceptados como somos, de querer ser independientes y no necesitar a nadie ni nada, de no ser suficientes simplemente por el hecho de ser.

A menudo intentamos llenarnos de adjetivos que nos definan, creyendo que van a darnos una mejor posición ante otros, como ser buenos, eficientes, educados y una larga lista. Pero en ese intento por encajar y ser amado, cada vez nos alejamos más de lo que realmente somos; entonces en nuestro intento de «unión» lo que hacemos es totalmente lo opuesto, alejarnos de nosotros y también de los otros, ya que no podrá haber un verdadero vínculo si está condicionado a lo que se espera, siempre habrá algo falso, algo incompleto, algo que no se ha revelado, incluso para ti mismo sobre ti mismo.

Es muy común cuando alguien viene a mi consulta que le haga una simple pregunta, del tipo: «¿Cómo estás?», y que la persona no solo no encuentre palabras para describirlo, sino que no sepa qué está sintiendo. La desconexión con su cuerpo es tan grande que a veces no tiene ni siquiera registros sobre que está viviendo en ese momento. De esta forma, nuestra energía, dividida y fragmentada, empieza a enfocarse solo en la mente y a crear teorías de lo que experimenta desde un enfoque mental, sin pasarlo por el cuerpo. Esto muchas veces lleva a una mayor confusión.

La mente, aunque parezca lógica, es fluctuante y va cambiando rápidamente de un estímulo a otro, sin orden.

Debemos entender que nuestra mente funciona a una velocidad que no alcanzamos a traducir en tiempo real. Cuando adoptamos una decisión que creemos que ha sido tomada por nosotros, como elegir entre dos caminos, en realidad es una consecuencia de determinados inputs que ha recibido nuestro cerebro mucho antes de que nosotros hayamos decidido nada.

Es fascinante adentrarse en la complejidad de cómo opera nuestra mente y cómo tomamos nuestras decisiones. Nuestra mente, una maraña intrincada de conexiones neuronales y reacciones químicas, es un sistema extraordinariamente veloz. Su capacidad para procesar información es casi incomprensible, y gran parte de su funcionamiento ocurre a niveles que están más allá de nuestra consciencia inmediata. Cada decisión que tomamos, desde las más pequeñas hasta las más significativas, cuenta con influencias previas. Nuestros sentidos captan constantemente información del entorno: el olor de una comida, el tono de voz de alguien, el color del cielo al atardecer. Esta información fluye hacia nuestra mente y se convierte en una combinación de datos almacenados en nuestra memoria, experiencias pasadas, valores arraigados y patrones de pensamiento. En el momento en que enfrentamos una elección, nuestro cerebro está procesando toda esta información acumulada y generando respuestas antes de que tengamos una percepción consciente de ello. Nuestro sentido del yo interpreta el resultado final de este proceso interno, y es entonces cuando experimentamos la sensación de tomar una decisión. Con esto no quiero limitar o reducir nuestro sentido de autonomía, sino más bien ampliar nuestro conocimiento de la red de influencias que dan forma a nuestras elecciones, la conciencia de que nuestros actos de elección son el producto de una interacción fluida de inputs que crean una interconexión profunda entre nuestra mente, nuestras experiencias y nuestro entorno.

Poco a poco estas relaciones entre memorias, sensaciones y emociones van creando en nosotros unos patrones de comportamiento que empezamos a definir y a identificar como la totalidad de lo que somos. Creamos un personaje que de alguna forma nos hace sentir seguros y nos da el sentido de identidad que es tan necesario para la psique y la formación del ego.

El ego es una entidad en sí misma que nos ayuda en el desarrollo social y en comunidad.

Da un contexto de quién somos y nos presenta ante otros y ante nosotros mismos de forma determinada. En su esencia, el ego es realmente un protector nuestro: ajusta nuestras cualidades e historias para aliviar muchas veces el desasosiego que sentimos o las heridas creadas por un trauma.

El problema está en que de alguna manera nos empezamos a identificar tanto con esa parte nuestra que perdemos la perspectiva más grande de quién somos realmente. Y gastamos una cantidad desbordada de energía en el mantenimiento de esa personalidad ante nosotros y los demás. La mayor parte de la energía que consumimos cada día se invierte en nuestra digestión y en el sostén de esa estructura llamada «ego».

El regalo más grande que podemos hacernos a nosotros mismos es desmembrar el ego.

Esto quiere decir que en el camino del amor incondicional hacia nosotros debemos replantearnos lo que es nuestro ego y lo que somos nosotros. Debemos saber que su función es principalmente la encargada de definirnos ante otros y mantener una posición e identidad en la vida. Con él vienen todas nuestras defensas y protecciones ante el dolor o sufrimiento que podemos experimentar.

Por eso es esencial reconocerlo, y también separarlo de lo que realmente somos, entendiendo que es solo una parte de nosotros. Aunque cumple su labor indispensable de mantenernos inmunes a los impactos del ambiente, protegiendo nuestra sensación de autopreservación, es una forma de limitarnos a la hora de relacionarnos con otros, ya que el ego siempre se relaciona basado en estas heridas vividas, por lo tanto sus relaciones serán más reacciones y protecciones que verdaderos impulsos genuinos del alma.

Y aquí es cuando entra la autoobservación como la base de cualquier trabajo de autoexploración. El observador nos permite desenmascarar las actitudes que son generadas por patrones inconscientes de nuestra psique. Es importante no darles un concepto negativo, ya que el observador se basa en la neutralidad de los eventos y las reacciones. Como su nombre indica, él solo observa. Esto nos da una calidad a la hora de iluminar nuestro camino, ya que solo nos hace testigos de los sucesos que transitamos en el día.

Fuera del observador es donde se genera la confusión, es el lugar donde nos identificamos más con la historia o, siendo más precisos, damos importancia a una historia subjetiva de los hechos. Nuestro ego, como protector nuestro, siempre intentará hacer que los demás o lo externo formen parte del villano, manteniéndonos a nosotros en un estado de inocencia ante la situación. Así es como quiere formar una idea nuestra interna de bondad y victimismo. Es más fácil sentir que otros tienen la culpa. Esto nos exime de cualquier responsabilidad. Por eso entramos en el grave problema que tenemos con respecto a no asumir nuestra parte de responsabilidad en cada situación de conflicto. Vamos por la vida escaqueándonos de nuestros actos o de nuestra parte involucrada en los vínculos que tenemos, dejando abierta la puerta a la injusticia en la que nos vemos sumergidos, activando nuestras memorias de víctimas y no de creadores.

Por lo tanto, es urgente que si queremos, como todos dicen, manifestar la realidad con consciencia, debemos asumir la responsabilidad que necesitamos para liberarnos y avanzar aprendiendo a no cometer los mismos errores.

Por eso debemos empezar a relacionarnos con emociones como la culpa desde un lugar diferente, tomarla como una señal para iluminar los actos que cometemos, más que basándonos en el antiguo concepto cristiano del infierno y el cielo.

¿Hay un lugar en ti donde existe toda la aceptación que necesitas de ti mismo? Debemos entender que la equivocación como tal es algo que concebimos, pero que no existe. Cuando tomamos una decisión equivocada, simplemente estamos cambiando el rumbo de una circunstancia. Estamos cambiando la dirección de sucesos que forman el camino.

Estos caminos no son ni buenos ni malos, simplemente generarán otras realidades.

Hay un lugar en el tiempo donde estás totalmente libre de culpa, un lugar donde habitas en total armonía con lo que te rodea, ese lugar está en tu psique.

¡Solo necesitas encontrarlo y conectar con esa frecuencia de sanación y posibilidad!

Todo lo que existe y existirá está pasando al mismo tiempo en un plano sin tiempo ni espacio, pero al conectar de forma consciente con esas imágenes, que más bien son registros vibracionales, creas en ti emociones nuevas que te ayudan a navegar de forma auténtica el mundo. ¿Por qué? Porque necesitas abrir los máximos registros emocionales dentro de ti. Hasta ahora lo que más hemos cultivado, sin querer, es el miedo y la sensación de peligro. Esto nos limita constantemente a la hora de abrirnos a vivir plenamente; estas memorias o registros son tan antiguos que no podríamos identificar con claridad cuándo fueron impuestos o introducidos en nuestra conciencia. Vienen siendo parte de nuestra especie desde hace muchos siglos, antes siquiera de nacer nuestro lenguaje y neocórtex. Imagínate la programación que llevamos como base de nuestra herencia.

Pero cuando desmantelamos nuestro ego y lo limitado de esa estructura, empezamos a abrirnos a otras verdades y percepciones. Empezamos a entender que esta realidad no es la única que existe, que estamos en un plano de conciencia pero existen muchos más. Cuando venimos a este mundo, somos entrenados para sostener este plano de vibración. No es tarea fácil, es todo un ejercicio constante para un bebé aprender a caminar, por ejemplo. Estamos tan acostumbrados a vivir en este 3D que damos por hecho que es fácil, pero no lo es. El mantenimiento de la vibración en un espacio tangible de información es una tarea difícil de llevar a cabo. Esto quiere decir que, si hemos entrenado nuestra mente para sostener este plano de conciencia, también deberíamos estar capacitados para desarrollar lo necesario para generar estabilidad en otros planos de conciencia. Aquí entra lo que son los estados alterados o expandidos de consciencia.

Es importante que flexibilicemos nuestra mente para expandir las sensaciones del entorno físico que conocemos.

Esta expansión de nuestros sentidos nos ayuda a entendernos desde dentro, sin prisa, generando un concepto nuevo, que es más amplio y completo. Por ejemplo, estamos en un mundo de ilusión, eso quiere decir que lo que pensamos o percibimos como real no es siempre fiel a lo que es la realidad. Puedo poner el ejemplo de las relaciones y los malos entendidos. Cada individuo tiene una versión de la situación que depende de muchos factores, por ejemplo del estado emocional del momento en que cada persona se encuentra, o de las creencias culturales en función de su ámbito geográfico, origen, historia. También depende de la reacción de su propia herida. Y así una larga lista de condicionamientos que alejan cada vez más lo que en realidad sucedió. Cada individuo defenderá lo que cree que es justo, aunque la injusticia es totalmente subjetiva según las necesidades de cada cual. Depende de los acontecimientos estables de una situación, en este caso del conflicto. Podríamos decir que lo único real en todo este ejemplo es el conflicto. Pero la forma de desarrollar y justificar este hecho va a depender de muchos factores ilusorios y fantasmagóricos en muchos casos.

Debemos entender que hablar de verdad es algo abrupto. La verdad solo se puede sentir, solo se puede vivir, y en esa vivencia entendemos que es imposible imponer tal cosa como la verdad. En primer lugar, ni siquiera tendríamos palabras para describirla o compartirla. Con todo esto solo quiero llegar al punto de entender que, para tener acceso a lo que podríamos llamar «verdad», necesitamos pasar por un proceso de desidentificación, desconfiguración y decodificación. No podemos experimentar lo que es la verdad si estamos llenos de ideas, creencias y posiciones estructuradas.

¡Debemos establecer un espacio donde la duda pueda siempre existir!

Ese espacio es el que abrirá en ti la posibilidad de que la verdad pueda llegar. En la duda está la cualidad intrínseca de la vida, entendiendo que ¡todo es relativo, es creativo, es cambiante!

Cuando hablo de duda, no me refiero a que está inundada de pensamientos o sentimientos de baja autoestima; no me refiero a la duda que te autoboicotea, más bien a la duda que está cerca de la sabiduría. Esa duda que te hace ser consciente de que no lo entiendes todo, y por lo tanto, no lo sabes todo. Y en ese espacio tan increíble de humildad y sabiduría es donde la propia vida tiene espacio para experimentarse y regenerarse en todo momento constantemente.

Así que no quieras tener siempre razón, ese es un mal hábito, te aleja de aprender y de tener curiosidad por lo que no conoces. Estamos ante un momento que nunca habíamos vivido antes como humanidad; si impregnamos este momento de ideas antiguas, conocidas, estancadas, no permitiremos que lo que necesita ser creado pueda nacer de forma nueva y auténtica. ¿Queremos un mundo nuevo? Si tu respuesta es sí, debes primero limpiarte de toda idea fija o conceptos que ya no estén vigentes para ese momento que está viniendo. Me imagino que todos queremos un cambio, ya que nuestro funcionamiento hasta ahora no es digno de gran admiración. Hemos estado destruyéndonos a nosotros mismos. Primero con el trato tan cruel que nos damos, cada vez que nos equivocamos, o cuando queremos alcanzar una meta y nos boicoteamos antes de siquiera intentarlo. Asimismo, nos tratamos con crueldad en las relaciones que tenemos, haciendo daño a los demás por una insatisfacción personal. Y yendo más allá, hacemos daño al planeta que nos sostiene y nos da alimento y vida.

9

Empieza a amarte

¿Cómo podemos empezar? Una buena práctica que nos ayuda es el cultivar el estado de presencia. En ese estado no existe ni pasado ni futuro, estamos atentos y en escucha de lo que simplemente hay. Sobre todo, ese estado nos da la sensación de espacio y es un lugar que se vuelve tierra fértil para generar nuevas respuestas a lo que viene.

La verdadera meditación es estar presente. No se trata de estar sentado y en silencio una hora al día. Se trata de encontrar estar presente mientras caminas, mientras vas en el metro, mientras lavas los platos o cocinas. Hay tantas acciones que hacemos de forma automática que nos vamos perdiendo nuestra propia vida. ¿Cómo estar presente? Tenemos la magnífica herramienta que es nuestro cuerpo: él es la llave, y con él viene la respiración, que nos ayuda a conectar no solo con el cuerpo, sino también con el presente. Nuestra respiración nos acerca a las sensaciones de habitarnos y sentirnos. Nos trae consciencia del peso, del flujo, de la energía vital que nos atraviesa.

Cuando estamos en el ahora, sentimos con todos nuestros receptores el mundo que habitamos.

¡Y debemos recordar que estamos hechos de placer! ¡Hechos de energía en movimiento y vibración! Nada más cercano al orgasmo cósmico.

Estamos en una constante interacción de sentidos y placeres, pero como nuestra atención está enfocada en problemas o vagos pensamientos, nos perdemos los segundos, minutos, horas de lo maravilloso que se siente estar vivo.

¡Despierta!
¡Vive!
¡Elige!

Recuerda que la libertad que tenemos es esa donde podemos elegir. Todo se basa en una elección.

¿Qué eliges tú? Elegir es un derecho, cambiar las circunstancias no es posible para nosotros, pero sí cambiar nuestras perspectivas o posición en esas circunstancias. Ese es el único cambio posible que tenemos. Te invito a que durante unos días te pares en cada acto que haces en tu vida, tomándote un segundo para preguntarte dónde quieres posicionarte en lo que estas viviendo. Intenta separarlo del resultado. Solo pregúntate: ¿cómo quiero asimilar o tomar esta experiencia?,

¿desde qué lugar quiero experimentarme en esta situación? Poco a poco tu brújula interna empezará a funcionar de nuevo y recuperarás tu poder ante las circunstancias que te son dadas.

Ahora vamos a dar paso a lo que significa la expansión de nuestra consciencia. Es necesario que entendamos el concepto de expansión; por eso cuando respiramos enfocamos nuestra atención en esa expansión de nuestra energía o cuerpo energético. Cuando por medio de nuestro cuerpo asimilamos conceptos tan abstractos como *expansión,* nos aseguramos de tener la raíz de ese entendimiento anclada en nuestro cuerpo. Por eso trabajamos a través de él. Ese es nuestro instrumento más eficaz para llegar a un entendimiento que pueda traducirse en este plano de consciencia.

Recordemos que somos una representación en miniatura de lo que es la vida. Somos una representación de lo que es nuestro planeta. ¡Somos una representación de lo que es el universo! Así vamos de lo micro a lo macro. Pero necesitamos empezar por lo que es tangible para nosotros: nuestro cuerpo.

Nuestro cuerpo está diseñado de forma perfecta para guiarnos en esta experiencia. Muchos de nosotros no lo usamos correctamente, empezando porque no le damos el valor que tiene. Cuántas personas no están negando y recriminando a su cuerpo constantemente con reproches e insatisfacciones. Piensan que es un enemigo, cuando lo que hace el cuerpo es hablar constantemente de las cosas que necesitamos cambiar o transformar. Pensamos que, si no tenemos un cuerpo hermoso y perfecto, no queremos estar en él. Así despreciamos a nuestro mayor aliado en este camino. Es glorioso intentar entrar en sintonía con el lenguaje que nuestro cuerpo expresa en cada momento, él está más consciente y despierto que nosotros. Escucharlo es una forma de cuidarlo. Él está constantemente emitiendo señales e información sobre nosotros y lo que necesitamos. Estamos tan desconectados de él que parece anestesiado. Intentamos no sentir, queriendo no sufrir, sin entender que el sufrimiento viene de la propia desconexión con nuestro cuerpo, que es la desconexión con nosotros y, por lo tanto, con nuestra alma. ¿Cómo puede nuestra alma expresarse si no tiene un cuerpo? ¿Cómo podemos vivir una vida presente si no hay cuerpo que sostenga esa experiencia? ¿Cómo podemos ser o estar plenos si no hay envase que mantenga la experiencia manifestada en este plano de realidad? Así estamos, dormidos, anestesiados, distraídos, fuera de nuestro centro y alejados de nuestro propósito.

Las personas piden conocer su propósito como si se tratara de un mensaje divino, sin entender que el verdadero propósito está en encarnar lo que somos. Eso significa dar cuerpo, vivir ese cuerpo, esa experiencia, manifestando la energía que se quiere expresar a través de nosotros. ¡Esa experiencia que está deseosa de ser encarnada es nuestra alma!

Pensamos que el alma está fuera del cuerpo, que está elevada en el cielo. Pero estamos evadiendo la destrucción que vivimos en nuestro cuerpo cada día. Entonces cada vez nos alejamos más del camino hacia encontrar nuestra alma, ya que ella sin cuerpo no existe. Ese es el vehículo de experimentación y manifestación de esa esencia que somos. Es más, en nuestro cuerpo se encuentran todas las memorias de nuestra historia y más allá. Historias que forman experiencias vividas o soñadas, anhelos, ilusiones, desviándonos de lo que es experimentar de verdad.

La verdadera memoria es corporal. Nuestro cuerpo es un mapa perfecto de experiencias encarnadas y vividas, incluso de las experiencias que han sido inconscientes para nosotros. ¡Todo está escrito en él! Eso es fascinante, ya que entonces nuestra memoria está impresa en ese cuerpo que casi no queremos ni mirar. ¡Tan espiritual es nuestro cuerpo! Además está libre de ego, libre de expectativas, solo se mantiene fiel al momento presente, recordándonos constantemente por dónde debemos ir. Y su nobleza es tan grande que no tiene resentimiento alguno, al revés.

¡Empieza a darle a tu cuerpo el estatus que merece!

¿Qué alimenta al cuerpo? ¿Qué es lo que necesita para existir? ¿Con qué ritmo necesita ser tratado? El cuerpo quiere tiempo, espacio, lugar. Quiere limpieza y mantenimiento. ¡Respira! Eso es lo que tu cuerpo pide en todo momento. ¡Solo poniendo atención en tu respiración, él se siente escuchado y visto! Respirando de forma lenta y con tiempo distendido, ¡se siente cuidado! Respirar lo ayuda a eliminar toxinas, tensiones. ¡Tan simple que parece mentira! Haz de tu vida una oportunidad para que tu respiración se exprese con fuerza a través de tu vehículo, uniendo así espíritu y materia.

Vivimos en un mundo con tanta prisa y exigencias que nuestro cuerpo se vuelve rígido y contraído. Entonces cierra toda posibilidad de que el aire entre adecuadamente a nutrir todos los lugares internos que necesitan ser despertados y cuidados. Así el cuerpo va inflamándose y secándose. Como ser vivo que es, está lleno de células que son a su vez pequeños seres vivos, que forman órganos y cumplen funciones gracias a la información que reciben y la ayuda en la regeneración y creación de lo que somos.

La mayor sensación de plenitud a la que podemos aspirar es la aceptación total de nosotros mismos: el camino del amor propio es uno de los más grandes y difíciles que hay. ¡Es más, es el verdadero sentido por el que estamos vivos! Es ese el camino último de realización, ya que es el que abre para nosotros el amor universal. No podemos amarnos si no conocemos nuestras debilidades y defectos, pero no se trata de una cuestión de mutilación de lo que somos, que constantemente se presenta en nosotros. Queremos llegar a amarnos solo en las partes que nos gustan, eso es muy elitista a nivel emocional. Claro que resulta fácil amarnos en nuestras cualidades y en espacios donde estamos plenos. Eso es un camino fácil. Pero ¿qué pasa con las cualidades de nuestro ego que no nos gustan tanto? ¿Qué pasa con las resistencias que tenemos para admirarnos en total plenitud, con defectos y cualidades? ¿Acaso no somos seres completos que buscan una conexión con la totalidad? Entonces, ¿qué totalidad sería si estamos mutilando partes nuestras para que solo queden las partes que consideramos perfectas? Buscamos siempre una perfección que nos aleja de la meta real. Esto se debe a que en esa búsqueda de una perfección que es ilusoria perdemos el foco verdadero del lugar al que tenemos que llegar. La unión con la totalidad es exacta y literalmente lo que significa. La totalidad incluye todo, no excluye, no mutila, no juzga. Por eso es importante que empecemos con el paso de amar todo lo que somos: cada faceta, cada cualidad, cada detalle. Y hemos de sentirnos ilusionados por el encuentro con lo que somos; más que verlo o percibirlo como un trabajo, lo debemos ver como una relación y una creación del vínculo más importante que podemos llegar a tener: el vínculo real con nosotros mismos.

Nos falta la valentía para asumirnos grandes. No sabemos cómo hacerlo, por eso generamos éxitos profesionales, laborales, económicos. Para tener un ápice de esa sensación de grandeza y evolución. Pero lo que obviamos es que ¡somos grandes simplemente porque tenemos la capacidad de ser!

Nada describe mejor la grandeza que la paz, por ejemplo.

Cuando logramos estar en una profunda paz con nuestra vida, nuestra gente, nuestros lugares, llegamos a experimentar un sentimiento de grandeza que merece y asume todo lo que está disponible para él. La grandeza no se relaciona con adquisiciones ni con el éxito, se adquiere en el momento en que tenemos un conocimiento de nosotros mismos que es intocable y no es posible corromper.

Eso es ser grande: ocupar tu espacio vibracional y energético con dignidad, sin lucha, sin necesidad de ser reconocido o visto. Ya que nosotros mismos somos vistos y reconocidos por nosotros.

Cada uno de nosotros tiene acceso a información elevada, es mentira que solo unos pocos lo tengan. Pero como todo, eso requiere de un trabajo personal, de una rutina de entrenamiento de nuestra vibración, pensamientos, nutrición. Ten en cuenta que juzgarnos de continuo si no cumplimos con esas rutinas desvanece todo acercamiento que podamos tener en esas tareas impuestas. Es muy importante entender esto. A veces generamos rutinas con una meta específica, como la autorrealización. Pero dentro del proceso activamos tantos juicios sobre nosotros mismos que, si no llegamos a las altas exigencias que tenemos sobre esas rutinas, nos castigamos de una u otra manera. Esto anularía cualquier progreso que estemos viviendo con esas rutinas saludables o conscientes. Con esto quiero simplemente invitarte a que conviertas el no juicio personal en tu práctica principal; dicho de otra manera, que conviertas la autocompasión en tu práctica principal. Si logras ser compasivo contigo y flexible, aceptando tu proceso y el lugar en el que estás, ¡eso se transforma en amor incondicional! Podrás así también generar ese sentimiento hacia otros; por lo tanto, los que se crucen en tu camino recibirán una verdadera transformación al sentirse aceptados y vistos. ¡Qué importante son estos detalles que nos llevan a las virtudes más profundas de ser humano! Somos todos merecedores de ser acogidos y recibidos en total inocencia y aceptación.

¡De la más alta conciencia recibimos amor incondicional! ¡Eso es lo que somos! Recuerda que hay una parte tuya que está en relación con esa alta conciencia; es cuestión de generar más espacios de conexión, ya sea por medio de la meditación, la respiración, el movimiento.

Existen todo tipo de prácticas para reforzar y crear caminos intuitivos y estables que generen esos circuitos y conexiones. Los estados expandidos de consciencia son necesarios para nuestra evolución. Por medio de ellos logramos acceder a partes nuestras que no reconocemos en nuestra vida diaria, ya que la rutina y el control de horarios pueden necesitar de mucha atención por parte nuestra. Así vamos descuidando nuestra conexión con otras partes de nuestro Ser. Por eso los estados expandidos de consciencia son los que nos regresan a la unión con el todo.

El proceso de elevación y expansión de la consciencia implica una transformación profunda en la forma en que experimentamos y percibimos la realidad. A medida que nos embarcamos en este viaje, nuestros sentidos se ven desafiados a ampliarse y a reconfigurarse para captar una nueva dimensión de la existencia.

Este cambio puede resultar desconcertante al principio, ya que nos sumerge en territorios no explorados, haciendo que nos sintamos fuera de nuestra zona de confort. Sin embargo, es crucial permitir que nuestros sentidos se expandan, ya que son ellos los que nos conectan y nos anclan a esta realidad mediante la experiencia que obtenemos a través de nuestro cuerpo físico.

Entrenar nuestra capacidad de expansión es esencial en este proceso, aunque a veces pueda generar temor o la sensación de perder el control.

Muchas veces nuestra resistencia proviene de condicionamientos arraigados que nos hacen creer en límites inexistentes.

El Espíritu no está limitado por las fronteras físicas; necesita ser experimentado como un espacio sin límites, como un vacío lleno de potencial. Elegir una vida pequeña, conformándonos con lo que nuestra percepción limitada nos muestra, impide el florecimiento de nuestra grandeza inherente como seres humanos. Reconocer y asumir esta grandeza es un desafío, ya que hemos sido educados en un sistema que tiende a reprimir y a limitar nuestras capacidades.

Sin embargo, podemos educarnos para expandir y desarrollar nuestra percepción.

Podemos ir más allá de los límites de lo conocido, explorando nuevas sensaciones y experiencias que nos permitan crecer y evolucionar. Es sorprendente que la respiración sea una herramienta tan poderosa para este propósito. A través de prácticas de respiración consciente y exploración de técnicas respiratorias, podemos acceder a estados de consciencia elevados y abrirnos a nuevos horizontes de percepción y experiencia. Por eso sabemos que esos estados son seguros, porque vienen dados incluso cambiando nuestra forma de respirar. Todo está dentro de nosotros y está ahí esperando a ser descubierto y experimentado.

III. MUERTE

10

La muerte como creación

Una de las mayores raíces del sufrimiento humano nace con la creencia en la dualidad y la separación. Esta nos hace sentir internamente un estado de soledad absoluta, donde no hay unión, donde la vida resulta ser solo un campo de supervivencia y lucha.

La experiencia inherente de separación que experimentamos desde el momento en que llegamos al mundo es un proceso de separación que no se produce solo por dejar el útero materno, sino por desconectarnos de algo igualmente primordial: la placenta. La placenta, este órgano cósmico y sagrado, se convierte en un símbolo tangible de nuestra conexión con el vasto universo y la forma en que se despliega la vida. A nivel simbólico, la placenta contiene información que se asemeja a la sabiduría del cosmos. Su estructura, al ser examinada desde una perspectiva visual, nos muestra la imagen de una galaxia en espiral, lo cual nos recuerda la conexión profunda entre la vida que se desarrolla en su interior y la inmensidad del universo. Esta imagen nos invita a comprender que nuestras vidas son una extensión de las mismas fuerzas que dan forma a las estrellas y los planetas. Lo asombroso es que, cuando estábamos unidos a la placenta, éramos parte de un flujo ininterrumpido de energía y vida. No necesitábamos respirar por separado, ni había una sensación de aislamiento. En ese estado, estábamos conectados a la fuente de todo lo que es. Como la separación que experimentamos al nacer va más allá de una desconexión física de la madre, es realmente la separación de esa fuente cósmica de vida.

Durante los años que llevo trabajando con la respiración y a través de los miles de personas de cuyos procesos de sanación he sido testigo, he observado que uno de los mayores traumas que existen a nivel inconsciente es el corte del cordón umbilical (la separación de la fuente). En ese momento en que llegamos a un mundo diferente, donde nuestros sentidos cambian, las condiciones son dramáticas después del dolor y el calor intensos generados por las contracciones necesarias para el parto. Salimos a un mundo frío, con luz, con límites físicos, y además abruptamente nos cortan nuestra conexión con lo que conocíamos, con el todo. Ahí se generan las primeras impresiones en el bebé recién nacido; son impresiones sensoriales que serán la base de creencias sobre lo que es el mundo, convirtiéndose en parte fundamental del carácter de ese niño, de cómo traducirá la información que reciba en adelante; serán el filtro de toda una realidad que está a punto de empezar.

Y una de esas primeras impresiones que tenemos en ese momento es la de la separación. Estamos separados de la placenta, o sea del universo, estamos separados de la madre, que es lo único que conocemos hasta ese momento, estamos separados del ambiente, ya que dentro del líquido amniótico hay una completa sensación de protección y sostén, de fusión con ese medio acuoso perfecto y tibio.

El parto es uno de los momentos más cruciales en esta experiencia actual de vida.

Es la puerta de entrada a este mundo, el portal por el que aterrizamos a este plano de consciencia. Y nuestro futuro o la interpretación que haremos de este mundo. En la mayoría de los casos actuales de nuestra sociedad, el nacimiento no está pensado a favor del bebé; nacer se ha vuelto un acto hostil y agresivo para ese bebé que no sabe nada de este lugar. No se tiene en cuenta la transición que el bebé necesita para entender y sentirse seguro en este espacio, para integrar este impacto tan fuerte. Venimos a este mundo y nuestro sistema nervioso empieza a entender que necesitamos sobrevivir, que hay un peligro intrínseco en este espacio/lugar en el que hemos aterrizado. Comprendiendo que la vida y la muerte existen, paradójicamente el momento en que venimos a este mundo y nuestra vida comienza es el primero en que el bebé entiende que puede morir y que tiene la necesidad de respirar para existir. Esto crea un desequilibrio en nuestra forma de respirar, ya que no lo hacemos con el fin de llenarnos de plenitud y vida, sino de sobrevivir ante el peligro, creando un sistema nervioso que está en alerta constantemente.

Uno de los fundadores del uso de la respiración circular y conectada fue Leonard Orr con su técnica de Rebirthing, en la que se trabaja directamente con esta herida o trauma del nacimiento, reviviendo y trayendo a la consciencia esas memorias para sanarlas y liberarlas. Este fue el enfoque con el que me introduje al mundo de la respiración en 1998; se centraba en traer esas memorias para ser reparadas, ofreciendo un espacio protegido y amoroso donde la persona viviera un renacimiento sin trauma y en paz. Durante mucho tiempo ese fue mi trabajo. Es impresionante ver cómo el cuerpo mantiene intacta la memoria de su nacimiento. Es muy común ver cómo, cuando la persona está ya conectada a la energía, empieza a activarse el cuerpo y reproduce los mismos movimientos que el bebé realizó en el parto. Generan un flujo de acción que imita la búsqueda de salida del canal de parto, cada uno de forma diferente, ya que hemos nacido de tantas maneras distintas, pero siempre es claro ese movimiento donde el bebé busca la vida, la salida. En otros casos, reproducen la suspensión en el espacio cuando no es el momento o no quieren venir a este mundo. Y en otros, se nota que fueron ayudados por fórceps para salir. Pero hay algo que hace único cualquiera de esos movimientos, algo que no tiene explicación, hay que ser testigo y observarlo.

¿Qué es la dualidad? ¿Qué es la separación? ¿Por qué vivimos con un velo en los ojos con respecto a la verdadera unión? ¿Qué es lo que buscamos realmente? ¿Cómo es el viaje de encontrar de nuevo la fusión? No podemos hablar de vida sin antes entrar en el vasto concepto de lo que es la muerte. Precisamente la dualidad empieza en la raíz de creer que la vida y la muerte son cosas separadas.

Nuestras creencias limitantes al venir a este mundo, nuestra educación, la visión que tenemos de nuestro personaje y esa construcción que pide de nosotros tanta energía hacen que volquemos nuestra atención al máximo en nuestro pequeño mundo y en nuestro yo.

Hay una sensación de vacío al nacer que genera un sentimiento de soledad absoluta.

Esa sensación nos hace creer que ese hueco que existe en nosotros nunca será llenado, por eso buscamos fuera todo tipo de adicciones que intentan saciar ese vacío. Y finalmente la vida se vuelve una búsqueda constante de fusión, y la buscamos a través de la sensación de pertenencia, creyendo que esa respuesta está fuera de nosotros.

En lo relativo a nuestra respiración, de forma natural y con el paso del tiempo empezamos a generar retenciones involuntarias. Cada vez que hay una emoción intensa o desconocida, se produce un intento de la psique de suspender el tiempo y el espacio, para no sentir, como si en esas parálisis pudiéramos hacer desaparecer eso que no conocemos o tememos, buscando protección. Estas retenciones van creando bloqueos en el flujo de la energía en nuestro cuerpo.

Puedes observarte, tomar conciencia de tu respiración cuando vas caminando, pensando, creando o preocupándote. Podrás notar que en muchas ocasiones tu respiración está retenida, que no te has dado cuenta de que estás sin respirar. Esto implica una retención también de los sentimientos, así que poco a poco nos vamos anestesiando, creando de nuevo una separación entre nuestro cuerpo emocional y nuestro cuerpo físico. De este modo vivimos en nuestro mínimo, creyendo que estamos vivos, sin darnos cuenta de que muchas veces estamos ya muertos, que no hay fuerza vital que crezca en nosotros, que no hay motivación o ilusión con lo que creamos a nuestro alrededor, que los días simplemente pasan. Muchos viven en una depresión latente, inmersos en la rutina y sin espacio de sentir o entender qué les pasa. Muertos en vida: esa es la muerte que queremos evitar, la muerte infértil que no trae nada creativo, que solo alimenta partes densas de nuestra existencia, manteniéndonos en bucle.

Para mí la muerte real tiene un sentido totalmente diferente. Tengo la suerte de que desde pequeña la muerte ha sido mi compañera e inspiradora en este camino que conozco como vida. Y que en ella es donde encuentro mi poder de creación más grande. He muerto muchas veces en mi vida, como todos..., y cada muerte trajo consigo una transformación y evolución en mi camino. Amo morir, aunque en el momento de la muerte me sienta perdida, en blanco, sin dirección, y no recuerde lo increíble que será cuando vuelva de ella. Porque es en esa muerte donde puedo ir quitando capas que ya están caducadas para mi versión del momento, para mis necesidades futuras.

Las muertes que vivimos siempre son oportunidades de actualizarnos, regenerarnos y resetearnos. Antes de todo proceso terapéutico o de evolución de nuestra conciencia, debemos iniciar en el fondo de nuestra memoria un llamado hacia el deseo de entender quiénes somos y de evolucionar en nuestro camino individual, asumiendo que ese es el proceso correcto para aportar al camino colectivo de nuestra humanidad. Este deseo es como un fuego que se enciende lentamente en lo profundo de nuestro Ser, podríamos decir que representa nuestro Espíritu. Fuera de todo entendimiento o identificación con lo que creemos que somos, está el Espíritu, que nos muestra cuál es el verdadero camino para cada uno de nosotros.

Somos Espíritu, eso es lo primero que debemos entender.

Y el Espíritu es diferente del alma. El alma es un archivador de experiencia, emociones y representaciones de quienes hemos sido a largo de muchas vidas y existencias. Es un registro de todo lo que hemos experimentado como conciencia. Y como registro tiene emociones e impactos relacionados con las experiencias vividas. El alma tiene una mente que la lleva a experimentar y querer saber cómo sería vivir de otra manera, cómo sería hacer las cosas diferentes. Pero el Espíritu está más allá de todo registro, de todo deseo, de toda idea.

Nuestro Espíritu es la parte más elevada de nuestra conciencia, un lugar donde no existe juicio o preferencias. ¡Esto quiere decir que es un lugar de total libertad! Un espacio de no forma, no definición, solo sabiduría y entendimiento de la creación en su esencia más auténtica. Esto involucra tanto lo oscuro como lo luminoso, sabiendo que lo oscuro es luminoso. Para el Espíritu no existe la división ni la dualidad. Solo existe espacio creador. Cuando entendemos que todo es creación y movimiento, dejamos de querer cambiar las circunstancias y más bien nos entregamos al flujo de ese movimiento, disfrutando de la capacidad de sorprendernos con lo que está a punto de ser creado.

Yo te invito a que, si eres una de esas personas que no logran nunca alcanzar sus propias metas, te pares a preguntarte si tus metas están alineadas con lo que tu deseo más profundo anhela. De pronto no es así, y es por eso que no logras llegar a donde supuestamente tienes que ir. Debemos quitarnos el velo de los ojos, entender que somos parte de una rueda de inercia que es creada por el lugar donde vivimos, donde nos impulsan a sentir que somos libres y autosuficientes, implantando necesidades que no tenemos, deseos que no nos pertenecen y prioridades que realmente no son reales. Así que lo primero es replantearte y reconceptualizar qué significan para ti el éxito, el avance, el deseo. Reconceptualiza casi cada término que conoces y que tiene una importancia para ti. Ese sería el primer paso.

Es todo un trabajo de reconocer las limitaciones que tenemos con las ideas, creencias o conceptos a los cuales nos aferramos para sentir que existimos.

Existimos porque somos y no hay forma de no existir.

Es mentira que existimos por nuestros logros o nuestros alcances en una escala social de reconocimiento sobre nuestro trabajo personal. La verdad es que es imposible no existir; si respiramos, estamos viviendo y siendo parte del hilo conductor de esta creación. La mejor manera de entender este concepto es el proceso de desidentificación de lo que somos. Esto implica un entrenamiento diario sobre desapegarse de eso que creemos que nos define. Tanto de lo bueno como de lo malo. Nada es absoluto, solo el absoluto.

¿Qué es el absoluto entonces? No tiene definición, no podemos explicar ser absoluto, ser verdad, ser creador. Es solo algo que se puede entender con la experimentación de la conciencia en ese espacio sin identificación. La mejor forma de empezar esta desidentificación es mediante un ejercicio muy simple pero constante, de soltar cada idea que nos habita; por ejemplo, inhalar y exhalar todo lo que somos. Por ejemplo, puedo decir: «Tengo miedo», y lo inhalo con la intención de sentirlo, y lo exhalo con la intención de sacarlo de mi campo. «Tengo hambre», y lo inhalo con la intención de activarlo, y lo exhalo para soltarlo. Cualquier cosa que llegues a afirmar dentro de tu mente puedes inhalarla y exhalarla.

Debes tener en cuenta que no sirve de nada hacerlo solamente con las sensaciones o emociones que no te son placenteras; debes hacerlo con cada cosa que viene a tu mente. Como ya he dicho, nuestra mente funciona a gran velocidad, eso quiere decir que ni siquiera podemos estar presentes en toda la cantidad de pensamientos que pasan por nuestra conciencia, por eso debemos desarrollar el observador y la presencia continua, así con cada pensamiento que surge podemos hacer el ejercicio de soltarlo.

¿Qué pasaría si suelto no solo el miedo, sino también mi coraje, también mi valentía, también mis ganas de soltar? ¿Qué pasaría si además suelto las cosas que amo, mis hijos, mi familia, mi trabajo, la concepción de quien soy, el éxito que tengo, todo lo que me gusta de mí y de mi vida? ¿Qué pasaría si contacto con el vacío? Muchas personas han venido a mí para evitar eso, es algo que de alguna manera produce terror. Para mí es totalmente diferente; el vacío es un lugar donde me siento segura, protegida y en paz. Pero puedo entender que es un concepto tan abstracto, y además tan opuesto a lo que estábamos acostumbrados o, más bien, entrenados a experimentar, que provoca un vértigo total.

Pero ¿si agregamos a la palabra «vacío» el adjetivo «místico»? En algunas tradiciones místicas, el vacío no se entiende como una ausencia, sino como una plenitud que va más allá de las formas y conceptos. Es la esencia primordial de la cual emana toda creación, y experimentarlo implica trascender las ilusiones del mundo material.

El vacío puede considerarse como la esencia interconectada que une toda existencia.

Como una matriz. En este sentido, se percibe como un campo de energía o conciencia que subyace en todo y conecta todas las formas de vida. El vacío, como un espacio donde la transformación es posible. Es un estado de potencial infinito donde las limitaciones del ego y las identidades individuales se disuelven, permitiendo una evolución espiritual profunda.

Estamos en una sociedad donde nuestro ego ha sido nuestra principal fuente de conocimiento sobre lo que es el mundo y lo que somos nosotros. También es para muchos la estructura o marco desde donde pueden entender el lugar que ocupan en este tejido complejo que es la existencia. Está lleno de ideas y estructuras que ayudan a definir quiénes somos y cómo debemos reaccionar en el mundo. Además, fue nuestro mayor protector durante nuestra niñez, nuestro salvavidas, nuestro guardián, ya que nos alimentaba, nos arrullaba y además creaba cualquier concepto que fuera necesario como medicina para el sufrimiento que podía experimentar nuestra alma en este confuso plano de dualidad y hostilidad. Porque cuando venimos al mundo somos seres llenos de inocencia y sensibilidad. Y tal cual está organizada la sociedad que conocemos y que está a punto de transformarse, la sensibilidad y la apertura no eran cualidades de supervivencia ni de fuerza. Así que poco a poco ese ego o estructura protectora se ha tomado todo el trabajo y amor para crear barreras y corazas que nos ayuden a no desmoronarnos.

Pero llega un punto en que ese ego ya no es necesario, ni suficiente, que nos limita a la hora de experimentarnos completos, nos limita en generar una conciencia real de nosotros mismos. Ya no somos niños, ya no hay nada de lo que tengamos que defendernos, ya no hay lugar donde corramos peligro por ser quienes somos. Estamos entrando en el espacio donde el trabajo pasa por expandir el espacio de vacío místico, de experimentarse como el todo, sin nada que nos defina ni límite.

En el proceso evolutivo de la conciencia, nos encontramos en una fase crucial donde la labor interior se centra en ampliar conscientemente el espacio del vacío místico. Este vacío no debe interpretarse como una ausencia o carencia, sino más bien como un estado de apertura y potencial infinitos. Es un espacio místico que trasciende cualquier limitación impuesta. Experimentarse como un todo implica deshacerse de etiquetas que normalmente definirían nuestra identidad. Este trabajo interior implica una profunda inmersión en la experiencia del Ser, más allá de los roles sociales, las identidades y las percepciones condicionadas. Al sumergirnos en ese espacio de vacío, permitimos que la conciencia se expanda más allá de los límites convencionales, abrazando la plenitud de nuestra existencia sin ataduras de una definición rígida y pequeña de quiénes somos.

El viaje interior implica desafiar y trascender las construcciones mentales que nos han condicionado a ver la realidad de manera fragmentada. La expansión del espacio de vacío místico implica reconocer la interconexión de toda la existencia y abrazar la unidad inherente que nos conecta con el cosmos. Esta búsqueda de experimentarse como el todo, sin límites ni definiciones, no solo trae una profunda transformación individual, sino que también contribuye a la evolución colectiva de la conciencia. Al expandir el espacio de vacío místico, nos embarcamos en un viaje hacia la comprensión más profunda de nuestra naturaleza esencial y la conexión intrínseca con la totalidad del universo.

El ego tiene una estructura fija, que además es frágil, ya que sabe que no existe. Por lo tanto, todo intento de nuestra psique por entrar en conceptos más amplios pone en peligro inminente a nuestro pequeño ego, que lo que busca es estabilidad, seguridad dentro de la identificación con nuestro personaje. Y el ego va a luchar y a hacer todo lo que esté a su alcance para autopreservarse. Va a encontrar la manera de reconducir la mente de forma estratégica para convencerte de que él es la realidad y que estás a salvo dentro de esa identificación.

Pero imagina las personas que han vivido una vida traumática y se identifican con ese trauma, y que van a buscar de forma inconsciente en sus experiencias y relaciones reproducir esa supuesta zona de confort que es realmente un estado de trauma profundo, de inseguridad, de agresión. Y esto se debe solo a que es lo único que conocen. Y en ese campo conocido han podido sobrevivir, han creído sentirse a salvo, ya sea con ideas, creencias o teorías.

Esta es la razón por la que trabajar en desmembrar el ego es un camino de valentía. Asumir lo que somos en realidad es uno de los temas que más cuesta integrar. Primero porque es difícil reconocer lo que somos, y segundo porque la sociedad ha estado construida alrededor de unos marcos rígidos de aceptación y rechazo, a través de los cuales nos obliga, aprovechando nuestra necesidad de unión y de comunidad, a ser aceptados solo bajo parámetros definidos de cómo deberíamos ser.

Muchos hemos cedido ante la presión de pertenecer y ser amados, y hemos mutilado lo que somos.

No estamos en un lugar donde la grandeza se nutra, no está permitido ser grande, no está permitido brillar solo por nuestro poder interior.

Personalmente, uno de los trabajos más difíciles en los últimos tiempos para mí fue el de navegar, reconocer y habitar mi grandeza. Toda mi vida pensé que el camino de autorrealización pasaba por aceptar mi sombra y trabajar en ella. Y es real, es parte del camino de individuación, como lo llamaba Jung.

No hay camino espiritual si no puedes enfrentarte a tus deseos, acciones o pensamientos más oscuros, tus debilidades o perversiones. Si no das ese paso, no hay forma de que llegues a estar completo.

No hay manera de que reconozcas quién eres si no has mirado en ese lugar interno donde no te atreves a mirar. Es casi un requisito fundamental en lo que llamamos «madurar». Es parte de la creación de la compasión hacia ti mismo el poder acunar y arrullar todo eso que no te gusta de ti, eso que sientes que está mal en ti, ese impulso de muerte que te lleva a lo profundo de tu psique donde solo tú puedes entrar. Es parte del camino de construir la valentía de enfrentarse al mundo y a ti mismo.

Y la verdad es que no he encontrado impedimento para sumergirme en ese espacio. Como ya he dicho, la muerte, lo oscuro, lo secreto han sido mi casa por muchos años. No he tenido miedo de indagar, de hundirme, de tocar fondo, de morir.

Paradójicamente, donde he encontrado más resistencias ha sido en el trabajo de asumir y encarnar mi grandeza. Eso me ha parecido más complejo. Y con asumir mi grandeza quiero decir mi divinidad, la parte de dios que soy, la parte de la Fuente que me crea, la creadora de mi propia existencia. También se trata de asumir que tengo permiso para ser lo que quiero ser, que no es pretencioso caminar con mis dones, que no es soberbio reconocer mi Luz.

Cuando nos enfocamos en este aspecto es donde más debilidades pueden salir. Brotan todas las inseguridades de no ser suficiente, de no alcanzar, de no ser bueno. Vuelven todas las limitaciones que nos impusimos y fueron sembradas desde que vinimos a este mundo cada vez que nos salimos de la raya estipulada por la cual debíamos caminar. Vienen los espacios en blanco, donde perdimos los pasos que nos llevaban a quien somos en realidad, a nuestra verdad, alejándonos de forma abrupta de nosotros mismos. Perdimos en ese camino qué es lo que realmente nos mueve y sobre todo cuál es nuestro poder, qué es lo que nos hace únicos, especiales, auténticos. Y si ya esa conexión está faltando en nosotros, ¿cómo podemos saber qué es lo que deseamos o necesitamos?

Por esta razón, el camino de vuelta a casa es el camino de reconocimiento de lo que somos, de regreso a nuestro poder, a nuestras habilidades, a nuestro verdadero Ser. Y cuando hablo del Ser, quiero decir la esencia abstracta que somos, la energía en creación. No la persona exitosa que ha alcanzado ciertas metas en su vida y ha sido reconocida por esos logros. Hablo de la esencia divina que habita en cada uno, de la conciencia que va más allá del concepto.

Los conceptos son muy útiles, por eso te he pedido que reconceptualices todo lo que es importante para ti. Los conceptos se utilizan como herramientas para representar, organizar y comprender aspectos profundos de la psique, como los arquetipos y los sueños.

El que vengamos del vacío y sea ahí donde todo se crea no quiere decir que no sea necesaria la traducción de dicho vacío para hacerlo más comprensible en nuestro nivel humano y racional.

Por eso parte de la reestructuración de nuestra manera de pensar pasa por la unión de opuestos, por la integración de esta dualidad de la que somos parte. Así que la siguiente parte del ejercicio de la desidentificación es hacer lo opuesto.

Después de haber desmentido todo lo que crees que eres, te invito a hacer lo contrario y a que asumas dentro de ti que lo eres todo.

Soy el miedo, soy el hambre, soy el valiente, soy la inmensidad, soy la muerte, soy el vacío.

Así compensarás los opuestos dentro del proceso de la psique, dando una integración total a eso que eres. Esto abrirá espacio dentro de ti para desidentificarte de cualquier concepto que puedas tener de ti y al mismo tiempo encarnar cualquier energía que esté disponible para tu camino. Para ambas acciones tendrás que pasar primero una y otra vez por la sensación de ser vacío y de ser creación.

La muerte en este sentido es más clara que nunca, todo en ti tiene que morir para poder ser reconstruido, todo necesita acabar, destruirse para generarse de nuevo, para actualizarse. Y nuestro miedo a morir es realmente un miedo al cambio, un miedo a crecer, a evolucionar, un miedo al misterio. Es un miedo nutrido y creado por nuestro ego, ya que el ego quiere ser perpetuo. Pero nosotros somos infinitos, nunca moriremos. Morirán nuestras formas, nuestras creencias, nuestros hábitos y, en algún momento, nuestro cuerpo.

Pero el Espíritu no muere, la energía no se destruye, el alma no renuncia, la memoria no se acaba.

La muerte solo pasará a ser un paso del proceso de la gran creación, como cuando los volcanes erupcionan y destruyen todo alrededor, que con los años se vuelve tierra nueva y fértil. Se forman lagos en los cráteres dando vida a otros animales y condiciones. La muerte es lo que más nos acerca a lo que somos. Vamos quitando capas, dejando pieles para acercarnos cada vez más al centro del corazón. Al centro de nuestro origen. La muerte es entonces creación.

En diversas culturas, se asignan variados símbolos y nombres a deidades que personifican conceptos asociados con la muerte y la destrucción. A nivel personal, encuentro una profunda conexión con dos deidades hindúes en particular, Shiva y Kali.

La representación visual de Kali puede resultar impactante para algunos, ya que sostiene cabezas cortadas de hombres y derrama sangre. Sin embargo, su simbolismo trasciende la apariencia gráfica, ya que refleja la muerte del ego y la ignorancia. La imagen de Kali, con su aparente ferocidad, encarna una fuerza transformadora que va más allá de la destrucción física. En su papel como destructora de la ilusión y el ego, Kali simboliza la liberación de ataduras y la apertura a la renovación espiritual.

Al mirar más allá de la representación visual, se revela una metáfora poderosa que nos invita a enfrentar y trascender nuestras limitaciones, permitiendo así el florecimiento de una comprensión más profunda y significativa de la existencia. El paso más profundo dentro de un camino de autorrealización es la muerte de ese ego. Y aunque lo primero que viene en esos momentos es un miedo atroz a soltar eso que somos, a tirarnos al vacío de no tener el cuerpo como límite ni registro alguno de quienes somos, es entonces donde podemos experimentar un éxtasis místico, una unión en una experiencia espiritual profunda y transformadora. Se genera una sensación de comunión directa o unión con lo divino, la realidad última o una fuerza cósmica. Podemos experimentar esa disolución de nuestro ego que nos da la oportunidad de experimentar la trascendencia, la pérdida temporal de la identidad individual con la que venimos relacionándonos. ¡La unión con el universo, lo divino o la esencia última! Esta experiencia, aunque en principio pueda darse como dolorosa por las mismas resistencias que tiene el ego de cambiar, trae consigo una sensación de éxtasis, un sentimiento abrumador de dicha y de conexión. Durante este estado nos sentimos uno con la totalidad de la existencia, experimentando una realidad más allá de los límites ordinarios.

En los estados transpersonales, que nos llevan más allá de los límites del ego individual, se abre un portal para acceder a información abstracta sobre el universo. Es fascinante descubrir que, incluso en un breve momento de conexión y conciencia durante estos estados, se puede desencadenar un proceso de sanación significativo. En particular, en las sesiones de respiración, después de aproximadamente una hora de práctica intensiva, se experimenta un breve periodo, tal vez de uno o tres minutos, de profunda sensación de unión y conexión con el todo.

Este breve instante de conexión no solo es revelador, sino

que también tiene el potencial de desencadenar un impacto poderoso en el proceso de sanación. En este espacio de unión, se abre la posibilidad de liberar tensiones acumuladas, transformar patrones limitantes y recuperar la armonía en el cuerpo y la mente. La capacidad de crear y abrir espacio en el cuerpo para recibir esta información abstracta del universo tiene efectos significativos en la percepción de nuestra identidad y la comprensión de nuestro lugar en el tejido que somos. La sanación que se experimenta en estos breves momentos de conexión trasciende la dimensión física; se extiende hacia lo emocional, mental y espiritual. La resonancia con la totalidad del cosmos durante esos instantes ofrece una perspectiva más amplia y ayuda a disolver las barreras autoimpuestas que limitan nuestra comprensión de quiénes somos.

Este proceso de abrirse a la conciencia transpersonal no solo nutre el cuerpo físico, sino que también cataliza un cambio profundo en la percepción de la realidad y la identidad, brindando una experiencia de sanación que va más allá de lo ordinario. La conciencia de esta conexión con el todo se convierte en un faro para orientarnos en la comprensión de nuestra existencia y en el camino hacia la sanación integral.

Por eso, para mí las sesiones de respiración han tomado una dimensión sagrada. El cuidado del espacio, la intención, el propósito son esenciales para generar la confianza de la apertura de esa alma que está abriéndose para ser.

Una sesión de respiración para mí es un ritual, es un rezo, es un puente a otra dimensión.

La existencia tiene una dimensión espiritual y sagrada que de alguna manera todos, sin saberlo, perseguimos.

Como seres sensibles, vamos percibiendo dimensiones ocultas de un reino sagrado que forma parte de un orden superior, de una fuente espiritual original. La espiritualidad se basa en esas experiencias directas con estas otras dimensiones y aspectos no ordinarios de la realidad que conocemos.

Cuando empezamos a navegar en el mundo de los estados de expansión de nuestra conciencia, la formación tradicional de lo que nos han enseñado como realidad pierde su argumento. Se abre inevitablemente en nosotros un contacto directo con el misterio y, así, con la divinidad. Tener una experiencia mística es un acto totalmente íntimo entre la persona que lo experimenta y el propio orden cósmico al que tiene acceso. Este suceso puede luego ser preservado por rituales personales que traigan de nuevo y evoquen esta energía y esta información cada vez que la persona lo necesite, perpetuando su existencia y memoria.

Estos rituales tienen la capacidad de invocar esa energía y la información recibida en esa experiencia mística. Así, se perpetúa la existencia y la memoria de esa vivencia especial. El cultivo y la preservación de estas experiencias místicas se convierten en una manera de mantener vivo el vínculo con esa esfera más elevada de percepción y comprensión, nutriendo así la conexión con lo divino y lo misterioso que habita en cada uno de nosotros. Estos rituales personales se convierten, entonces, en puertas hacia la esencia más profunda de nuestra existencia y en anclas que nos conectan con la vastedad del cosmos.

Qué importante es volver sagrado cada paso que damos, cada respiración, cada contacto, cada lugar. Qué importante es rescatar nuestra naturaleza por medio de rituales para dar una organización a nuestra existencialidad. Parte de que nuestra sociedad esté totalmente perdida radica en que estos rituales, o ritos de paso como los llaman, se han diluido en el tiempo. Estos ritos eran los encargados de organizar la psique de la persona, dándole un sentido a cada etapa evolutiva que transitaba, además del reconocimiento por parte de su comunidad: ser vista, celebrada y apoyada por los suyos como miembro fundamental de un grupo era esencial para su desarrollo. El sentido de pertenencia y contar con una guía de los siguientes pasos que había que seguir daba dirección a su alma. Ser vistos y honrados por el camino recorrido era parte fundamental de saber quiénes eran y el lugar que ocupaban.

Estos actos psicomágicos ayudaban a mantener viva la conexión con lo invisible, con el misterio, dando prioridad a la vida espiritual como base del propósito personal. Encontraban guía en los elementos, en los ciclos, en la naturaleza, morían para poder nacer en su nueva faceta, habiendo cumplido exitosamente su etapa anterior. Muchos de esos rituales antiguamente pasaban por experiencias de iniciación relacionadas con los estados de expansión de la consciencia. Esa era la forma en que ellos mismos podían experimentar una muerte simbólica que abriera espacio para un renacimiento en la nueva etapa que venía a sus vidas. Por lo tanto, parte del proceso era enfrentarse a esa muerte, reconocer el poder que trae el rendirse y entregarse a ese flujo. Se basaba enteramente en el empoderamiento interior, en encontrar la fuerza de su propio espíritu para recibir una guía. Así encontraban dentro de ellos mismos las herramientas y los pasos que estaban alineados con su camino personal. Estos ritos ayudaban a afinar la escucha con su cuerpo más elevado, con su yo superior, dándoles el poder de ser ellos los creadores de su senda.

Numerosos rituales ancestrales, en diversas culturas y tradiciones, se basan en estos estados transpersonales, incluso actualmente incorporan prácticas fundamentadas en la conexión profunda entre el individuo y su entorno. Estas prácticas incluyen técnicas como la respiración consciente, el movimiento deliberado, el ayuno, el ritmo de tambores ceremoniales, el uso de plantas medicinales y la introspección en la oscuridad durante días. La esencia de estos rituales radica en llevar los sentidos a lugares no convencionales, desafiando las percepciones habituales y permitiendo que la conciencia registre información fresca y reveladora sobre la realidad y la multidimensionalidad de la existencia. Los procesos de iniciación asociados con estas prácticas a menudo coinciden con momentos cruciales en la vida de una persona, marcando la transición hacia un entendimiento más profundo y expansivo de la realidad.

Estos rituales se completan con éxito cuando la persona cuenta con la capacidad de elevarse más allá de su identidad puramente humana, abriendo puertas a nuevas formas de experimentar y comprender la complejidad del universo. Al integrar toda la información recibida durante estos procesos, la persona alcanza un estado más elevado de comprensión y conexión. Es vital reconocer que, para comprender el misterio intrínseco de la creación, es imprescindible trascender las limitaciones de nuestra forma humana. Este proceso implica desarrollar vías alternativas de percepción que nos permitan acceder a campos de información más sutiles y abstractos.

IV. ESPÍRITU

11

El Espíritu

La primera relación que debemos nutrir es la relación con nosotros mismos: somos la primera persona que deberíamos tener curiosidad de conocer, la primera a la que deberíamos tenerle respeto. Y ese contacto con nosotros se expresa de forma directa en nuestra manera de respirar, en cómo recibimos el aire que entra y nos da la vida. En definitiva, en cómo nos relacionamos con la vida.

La respiración es en este sentido tu contacto más íntimo contigo: Ella te conoce y tiene contigo toda la paciencia del mundo, está ahí esperándote, siendo testigo de tu recorrido con la sabiduría necesaria para darte tu tiempo en la evolución de esa relación entre vosotros. Es la mayor aliada y compañera que puedes tener. Cuanto mayor sea la relación con tu respiración, más relación tienes contigo y con la naturaleza, entiendes que formas parte, que estás hecho y que vienes de la tierra. Porque por medio de la respiración se representa el universo en el mero hecho de inhalar y exhalar. Este simple pero poderoso movimiento de expansión y contracción que vivimos en cada respiración manifiesta la explicación perfecta de cómo funciona el universo y la naturaleza. Todo lo que nos rodea y de donde venimos está hecho de forma cíclica. No es que tenga comienzo o fin, pero sí se suceden en movimientos que se completan en sí mismos y crean una danza infinita. Son aspectos que están entrelazados, que se siguen el uno al otro, que se complementan y se regeneran a sí mismos en ese movimiento.

En cada respiración experimentamos las polaridades de la vida y tenemos la oportunidad de unirlas, nivelarlas y equilibrarlas, con el fin de sanar y reparar ese sentimiento de que estamos en un mundo de contradicción y caos, luchando siempre entre opuestos, con la sensación de tener que ir hacia un lado u otro de la balanza para encontrar un lugar claro en el mundo que vivimos.

La polaridad es una fuerza fundamental que impulsa la creación y la evolución.

Ya a nivel celular, podemos encontrar cómo esta polaridad trabaja en armonía para generar la vida. En el corazón de cada célula existen fuerzas opuestas que se atraen. Los electrones giran alrededor del núcleo atómico estableciendo una polaridad eléctrica que permite la formación de moléculas y compuestos vitales. La atracción y repulsión entre partículas cargadas crea las bases para las reacciones químicas que sustentan todos los procesos biológicos. Y vemos cómo la polaridad se encuentra en todas partes. El día y la noche, el calor y el frío, la expansión y la contracción, el dolor y el placer: estas dualidades son manifestaciones de la polaridad que guía los ciclos naturales y cósmicos. La polaridad es un pilar en la estructura del universo, pues permite que las energías se equilibren y se renueven constantemente. Es una fuerza creadora que impulsa la evolución y el cambio. En esa interacción se encuentra el fuego que enciende y permite la transformación

Eso nos abre a un nivel más profundo de entendimiento de nosotros mismos y de las fuerzas opuestas que forman nuestra personalidad. Normalmente entramos en conflicto por esta dualidad, pensamos que debemos trabajar para hallar la coherencia, pero no entendemos que la coherencia está en abrazar estas contradicciones que vivimos internamente. Creemos que debemos manejar un tipo de perfección que es totalmente antinatural, y en ese intento por alcanzarla surge una cantidad inconmensurable de sufrimiento que nos convierte en nuestro propio verdugo, siendo tan críticos y exigentes que generamos una constante tortura por lo que somos y, más aún, por lo que anhelamos ser. Pero si aprendemos a fusionarnos, a encontrar la coherencia en nuestra propia polaridad, sabiendo que es parte de nuestra creatividad, la vida empieza a florecer, simplemente porque hay espacio para que florezca, porque hay posibilidades de que se pueda expresar la energía que quiere ser expresada sin el juicio de bueno o malo.

Y es increíble cómo esa polaridad la podemos trabajar por medio de nuestra respiración, ya que es una acción que realizamos cada segundo y nos da la oportunidad de equilibrar y fusionar la vida misma. Gracias a ella encontramos un estado de paz y armonía interno que repara cualquier idea o creencia de que vivimos en un mundo de enemigos donde tenemos que luchar y tomar partido. Aquí es donde encontramos la verdadera magia de la respiración circular y conectada, ya que en ella unimos estos opuestos, fusionando y completando un ciclo perfecto. Integrando la unión como premisa, como base de todo lo que existe.

Por lo tanto, es revolucionario que comprendamos que cambiando nuestro patrón de respiración podemos encontrar la paz que merecemos, que es nuestro derecho y que es la primera semilla que necesitamos plantar en este mundo que está urgido de armonía. En cuanto comprendemos con nuestro sistema completo que ambos movimientos de expansión y contracción se funden en sí mismos, entendemos que el sufrimiento que venimos experimentando es fruto de creer que hay una división, pero es una ilusión que estemos separados.

Siempre me gusta explicar la respiración circular y conectada con la metáfora del atardecer y el amanecer. Esos momentos donde se funden el día (inhalación) y la noche (exhalación), donde la magia real sucede.

Esa fusión absoluta donde se mezclan los colores y las formas es el momento más sutil del día.

Es muy corto, pero es majestuoso, y nos recuerda que son una transición orgánica entre las dos energías principales de toda ley de la existencia.

Perdemos tanto tiempo en esta distracción de entender los opuestos e intentar apaciguar esa lucha que se nos escapa y se nos olvida la parte más profunda de nosotros. Es cierto que vivimos en un mundo dual, que esta dimensión tiene estas características descritas anteriormente, pero también es verdad que nuestra parte humana es muy pequeña y limitada para entender la grandeza de lo que es la existencia y los distintos planos de consciencia.

Somos seres multidimensionales; ya solo nombrando los distintos cuerpos que tenemos, nos damos cuenta de que somos mucho más complejos de lo que creemos. Tenemos un cuerpo físico, que es nuestro instrumento y templo, el encargado de dar forma a lo que somos y permitirnos experimentar lo que es este plano de realidad. Es donde se guardan nuestras memorias y nuestros registros, el que va descifrando y guiando el camino. Pero el ser humano es una entidad multidimensional, lo que significa que no estamos limitados solo a nuestra manifestación física. Más bien, estamos compuestos por varios cuerpos o dimensiones que coexisten y trabajan en armonía para facilitar nuestra existencia y propósito en la Tierra. Estos distintos cuerpos nos permiten interactuar y funcionar en diferentes planos o niveles de realidad que existen simultáneamente y forman parte de nuestra experiencia en este mundo.

Estos cuerpos multidimensionales comprenden aspectos más allá del cuerpo físico: cuerpos energéticos, emocionales, mentales y espirituales. Cada uno de ellos tiene su propia función y contribuye al completo desarrollo de nuestro ser individual. Aunque todos coexisten dentro de nosotros, cada uno puede estar en distintos niveles de desarrollo y evolución. Y parte de nuestro sentido de estar perdidos muchas veces radica en que estos cuerpos no tienen comunicación entre sí, creando un estado de confusión o contradicción en nuestros actos y formas. El objetivo último de estos cuerpos es encontrar una armonía y alineación entre ellos. Cuando existe este equilibrio, se nutren mutuamente, se crea una totalidad integral en la experiencia humana.

Esta alineación ayuda a promover tanto la salud física como el bienestar emocional, la claridad mental y el crecimiento espiritual.

Todo está en estrecha conexión y unión.

El proceso de alineación y sincronización de estos cuerpos multidimensionales es un viaje continuo de autorreflexión, autoconocimiento y crecimiento personal. A medida que nos esforzamos por alinear estos aspectos diversos de nuestro Ser, nos acercamos a una comprensión más profunda de nosotros mismos y del propósito de nuestra existencia.

El más conocido para nosotros, y con el cual nos identificamos de forma más directa, es nuestro cuerpo físico: es el traductor que a través de nuestros sentidos conoce el mundo que habitamos. Es la manifestación más tangible de nuestro Ser, el límite material que nos separa de «lo otro» o «los demás». Este cuerpo actúa como el vehículo temporal de nuestra esencia espiritual en el mundo físico y está regido por las leyes físicas. Su propósito fundamental es experimentar-vivir.

Por otro lado, tenemos el cuerpo emocional, que es también un aspecto fundamental de la experiencia humana: aunque no sea visible físicamente, su influencia es profunda y significativa. Reside en un plano interno, donde las sensaciones y emociones se manifiestan y se experimentan intensamente. Es el lugar donde se procesan y almacenan nuestras respuestas emocionales a diversas situaciones y estímulos. Este cuerpo emocional no solo se limita a las emociones más obvias, como la felicidad, la tristeza, el miedo o la ira. También alberga matices sutiles de sentimientos, como la empatía, la compasión, la gratitud o la nostalgia. Estos a menudo no son fácilmente traducibles en palabras, pero se sienten profundamente en el núcleo de nuestra experiencia.

Dentro del cuerpo emocional se encuentran los centros de sensación, que son regiones donde estas emociones se manifiestan y se experimentan de manera más intensa. Estos centros pueden ser físicamente invisibles, pero su impacto en nuestro estado de ánimo, bienestar y decisiones es innegable. Están interconectados con nuestros pensamientos, actuando como receptores y transmisores de impresiones psicológicas. Este cuerpo emocional tiene como propósito último expresarse, amar, relacionarse. No solo es el depósito de nuestras emociones, sino que también funciona como un canal para expresarlas y conectarnos con los demás a través del amor y la comprensión. Es esencial para nuestro bienestar nutrir relaciones significativas en nuestra vida, vínculos que nos den sensaciones de seguridad y de pertenencia.

Este cuerpo emocional funciona en relación íntima con nuestro cuerpo mental, ya que da un tono, un matiz, una dirección a nuestras creencias, pensamientos y percepciones. En el cuerpo mental es donde procesamos la información, generamos ideas, interpretamos experiencias y damos significado a lo que nos rodea. Nuestras creencias, que son ideas arraigadas sobre cómo funciona el mundo y quiénes somos, moldean nuestra percepción de la realidad. Estas creencias, a menudo adquiridas a lo largo de nuestra vida por influencias culturales, educativas, familiares y sociales, influyen directamente en nuestros pensamientos. Los pensamientos, a su vez, son las ideas conscientes e inconscientes que surgen de nuestras creencias y que determinan nuestra forma de ver el mundo y a nosotros mismos. El cuerpo mental está tan ligado al cuerpo emocional que juntos crean la interpretación de las experiencias como «positivas» o «negativas». Esto puede facilitar o dificultar la expresión libre de las emociones. Por ejemplo, si tenemos pensamientos negativos o creencias limitantes sobre una situación, es probable que experimentemos emociones como el miedo, la ansiedad o la frustración. En sentido contrario, interpretar una situación de manera positiva puede generar emociones como la alegría, la gratitud o la esperanza. Así, nuestro contacto con el mundo se ve totalmente teñido por la influencia y la relación entre estos dos cuerpos.

Al mismo tiempo, existe el cuerpo energético, que a mí personalmente me gusta ver como la unión del triángulo entre el cuerpo físico, el emocional y el mental. Es esa parte de nosotros que está muy cerca del cuerpo físico, pero no la vemos. Aunque no sea algo que podamos observar directamente, se ha estudiado utilizando distintos aparatos científicos especiales para medirlo e incluso fotografiarlo. Es más, cuando nuestro cuerpo físico llega a enfermarse, es nuestro cuerpo energético el que está débil y enfermo. Pero por la desconexión que muchas veces tenemos con lo que realmente somos, no escuchamos las señales que recibimos hasta que la densidad es tal que afecta a nuestra parte física.

Dentro de este cuerpo energético se encuentran los chakras, que son vórtices de energía que crean centros específicos en nuestro cuerpo físico, distribuidos desde la base de la columna vertebral hasta la parte superior de la cabeza. Cada uno de estos chakras o centros tiene su propio rol y se conecta con aspectos distintos de cómo nos sentimos y funcionamos. El objetivo principal de este cuerpo energético es mantener una especie de flujo constante y equilibrado de energía a través de estos chakras. Cuando esta energía fluye bien, nos sentimos mejor en todos los aspectos: físicamente, emocionalmente y hasta espiritualmente. Hablando en términos de «circular y crear», esto significa que cuando la energía está en armonía y fluye correctamente, nos sentimos más equilibrados y capaces de manifestar y crear lo que deseamos. Es como si esta energía bien equilibrada nos ayudara a sentirnos más vitales y a tener una vida más satisfactoria en general.

Estos centros y su flujo de energía están íntimamente ligados a nuestra amada respiración.

Muchos pranayamas están enfocados directamente con el fin de desarrollar óptimamente estos centros. Y a través de la respiración circular y conectada, lo que intentamos en todo momento es trabajar el flujo energético de este cuerpo. Si queremos estar en una capacidad plena y total de quienes somos, es este el cuerpo que hay que nutrir y alimentar con más consciencia.

Al igual que nuestro cuerpo físico, visible para nosotros, el campo de energía invisible o cuerpo energético tiene cabeza, brazos y piernas, y lo llaman «doble etérico» o «cuerpo etérico», que está hecho de éter o plasma y es similar al cuerpo físico visible. Es una forma de energía matriz, o sea, una especie de cuerpo invisible unificador, o una luminosidad que penetra nuestros cuerpos físicos.

El bioplasma es un concepto que idearon algunos investigadores refiriéndose al campo energético que rodea a todos los seres vivos.

Existen diferentes estados de la materia: sólido, líquido, gaseoso y bioplasmático. Este último tiene forma de energía y rodea a todo cuerpo con vida.

El cuerpo físico, que posee átomos y moléculas, está compuesto también por un cuerpo plasmático biológico formado por partículas, iones positivos y negativos. Desde hace muchos siglos la medicina oriental se ha centrado en este cuerpo, por ejemplo, con la acupuntura, trabajando con los meridianos, que se distribuyen a través del cuerpo bioplasmático. Este es el que se puede percibir con la mente en los estados de conciencia alterados, en sesiones de respiración circular y conectada profunda. De hecho, lo que llaman un ser «iluminado» o «despierto» es capaz de percibir su bioplasma con la mente, tal como percibe su cuerpo físico con los sentidos. Esta percepción más sutil de nuestro cuerpo energético es algo que podemos trabajar y entrenar. Todos tenemos acceso a experimentarnos a través de este cuerpo y a trabajar en su expansión.

Piensa que este cuerpo está más o menos a un metro a la redonda de ti, ¡así de grande eres! El problema surge en el momento en que somos inconscientes de este aspecto nuestro y no damos el espacio a este cuerpo. Así, muchos caminan por la calle con su cuerpo energético en su mínima capacidad, casi pegado a su cuerpo físico, contrayendo y suprimiendo su campo.

¿Alguna vez te ha pasado de estar en algún lugar público, un restaurante o un bar y sentir que debes voltear a mirar a alguien que acaba de entrar? Esa persona seguramente tiene su campo energético fuerte y desarrollado, por lo que su presencia es tal que tu cuerpo energético lo percibe y responde a esa vibración. Por otro lado, está el ejemplo de personas que siempre pasan desapercibidas e incluso parecen invisibles.

Es importante que tomemos conciencia de este cuerpo, y no solo consciencia, que lo habitemos en su totalidad. En mis sesiones siempre enfoco mucho la atención en percibir este cuerpo bioplasmático y aprender a expandirlo y ocuparlo. De alguna manera, es sorprendente observar cómo estamos reprimiéndonos constantemente de ocupar plenamente nuestro espacio.

Sentimos que no tenemos permiso para ser grandes, para estar completos.

Ni siquiera tenemos consciencia de nuestra grandeza, representada en cómo abracemos nuestra propia vida. Cuando nos damos la posibilidad de sentirnos y habitarnos, el sentido de quiénes somos aumenta; esto nos ayuda a ocupar el lugar fundamental que tenemos en este mundo. Da una sensación de completitud y soberanía.

El concepto de *prana* es algo esencial cuando hablamos de respiración, ya que cuando respiramos de forma consciente trabajamos con el prana y su energía. En muchas tradiciones y filosofías orientales, se le describe como una energía universal vital y sutil que impregna todo el universo. Es la fuerza vital que anima y sostiene la existencia de todos los seres vivos. Todo ser vivo tiene energía almacenada en cada célula, y esta se recarga de la atmósfera a través de la respiración. En un nivel individual, el prana se manifiesta como una forma individual y es lo que llamamos «bioplasma», una forma de energía vital única para cada individuo, compuesta de una esencia sutil que tomamos de los elementos fundamentales que constituyen nuestro cuerpo humano. Esta esencia sutil se transforma en una especie de energía psíquica que influye en la salud física, mental y emocional de una persona. Es el motor detrás de la vitalidad del cuerpo y la mente. En muchos sistemas de prácticas de respiración yóguicas, se enseña cómo canalizar y controlar esta energía pránica a través de la respiración consciente y técnicas específicas de pranayama. Es básico aprender a manejar esta energía vital dentro del cuerpo, primero porque precisamente es nuestra energía vital y segundo porque nos lleva a un equilibrio de todos nuestros sistemas.

Quiero aclarar que existen muchas teorías sobre los distintos cuerpos del ser humano. Hay algunas que cuentan con diez cuerpos, otras con siete… Con la intención de hacerlo sencillo y accesible para todos, he querido solo describir los cinco más básicos y fáciles de percibir y conocer.

Y ya entro a describir el último cuerpo que es muy importante dentro de mi visión y trabajo: el cuerpo espiritual o alma. Este es la expresión de la consciencia superior y da significado a los cuerpos anteriores. Funciona como el diseñador de nuestras experiencias, basándose en el plan o propósito de vida, que elegimos al nacer. Su intención última es aprender sobre el amor y cómo manifestarlo.

Este cuerpo espiritual se conecta directamente con el cuerpo físico a través del corazón, buscando su evolución constante. El alma se encarga de dar comprensión y significado a nuestras acciones, pensamientos y emociones, uniéndonos a una dimensión más profunda. En estos tiempos, la activación de un camino espiritual se ve como parte del proceso de sanación, ya que nuestros diferentes cuerpos están interconectados y cualquier problema en uno afecta a los demás. Debido a nuestra naturaleza multidimensional, cualquier cambio o conciencia que tengamos en un nivel superior de nuestro Ser influye directamente en los niveles inferiores.

Por ejemplo, trabajar en nuestras creencias arraigadas en el cuerpo mental tiene un impacto directo en nuestras emociones, reflejándose en el cuerpo energético y, finalmente, manifestándose en el cuerpo físico. La alineación integral se alcanza cuando nuestros pensamientos, emociones, palabras y acciones se unen en un propósito superior. Esta coherencia es esencial. Cuando logramos esta alineación, nos convertimos en conscientes creadores de nuestra realidad. Vivimos de acuerdo con nuestra verdadera esencia, y nuestras intenciones se manifiestan en el mundo físico con fluidez y facilidad. Al descubrir la conexión entre los cinco cuerpos que he descrito anteriormente, ¡comenzamos a comprender nuestra propia biosfera corporal, el campo energético que proyecta nuestras intenciones!

Conocer esta biosfera es lo que nos da la confianza y nos hace ocupar nuestro lugar.

Pero ¿para qué necesitamos conocer estas partes nuestras? ¿Hacia dónde nos lleva esta consciencia? ¿Para qué desarrollar un conocimiento personal y multidimensional?

Lo que he compartido hasta ahora representa una manera simple de explicar la naturaleza multidimensional de nuestra existencia. Me he referido a nuestros cuerpos como punto de partida, ya que son aspectos tangibles y cercanos a nuestra capacidad de comprensión. Sin embargo, la realidad y la consciencia son considerablemente más complejas. Abordar este tema en profundidad requeriría un libro completo dedicado exclusivamente a esta exploración multidimensional. Es esencial comprender que nuestro cerebro tiene sus limitaciones; no puede abarcar la magnitud total de lo que existe y lo que es. La información y la creación son infinitas, y dentro de nuestro plano de consciencia, necesitamos organizar y codificar las cosas de maneras que podamos entender, asimilar y descifrar. Aquí es donde entran elementos como la fe, la creencia y el contacto con el misterio y el Espíritu.

El Espíritu se conecta con la parte más elevada de nuestra consciencia, esa faceta que forma parte de la Fuente misma, esa porción divina en nuestro Ser. Es una parte nuestra que permanece intacta, inocente, no perturbada por las experiencias, el dolor ni los traumas. Representa nuestra sabiduría más profunda, conectándonos con la verdad de que somos uno, somos universo, simplemente somos. Este aspecto es lo más sagrado en nosotros, inmune a las influencias o desequilibrios que puedan afectarnos. El Espíritu abarca todo lo que existe, todo lo que es, se refleja en la naturaleza que nos rodea y se manifiesta en cada respiración consciente. Aquí no hay división, ni deseos, ni conceptos de bien o mal. Es la culminación última, la realización suprema de la existencia.

Cuando entramos en el mundo de querer descubrir quiénes somos, a veces lo hacemos por medio de una motivación tan simple como un dolor físico recurrente, una insatisfacción que no podemos definir, porque nos sentimos perdidos, porque alguien nos ha recomendado hacerlo. Todos esos caminos son impulsados por un motor y una fuerza mayor, algo que subyace a nuestra razón. En todos los años que llevo trabajando con personas, en casi todos los casos, es una llamada de ese Espíritu. Es un deseo encubierto de contactar con la parte más elevada de nuestro Ser, incluso si no creemos o no usamos esas palabras.

Como seres humanos tenemos una sed de conocimiento, de conexión con algo superior.

Hay una inconformidad constante que nos lleva a querer más; en muchos casos, algunos lo traducen en querer más cosas materiales, que obviamente nunca terminan de llenar ese vacío o búsqueda. En otros, abre un camino y conexión con la verdad que somos, con la Luz.

Todo lo que conocemos es un producto o un despertar de un destello de luz. Nuestro universo se creó a partir de ese destello inicial, desde el momento del Big Bang. Esta luz capaz de transformarse en materia dio paso a las estrellas, galaxias y todo lo que podemos percibir en el cielo. La luz es la herramienta con la que estudiamos cómo se creó el universo, ya que por medio de su medición calculamos tiempos y distancias. Hacemos hipótesis de lo que no conocemos basándonos en los datos que nos proporciona el estudio de esas mediciones.

Sabemos que la luz tiene diferentes formas de manifestación; nosotros conocemos la onda y la partícula. Ambas nos ayudan a dar forma a la materia que conocemos. Por lo tanto, la luz tiene la capacidad de manifestación y generación de formas. Esto quiere decir que no solo ha sido la creadora, sino también es la que genera constantemente lo que observamos como realidad.

Esto podemos comprobarlo al entender que el mundo que creemos percibir con nuestra visión es un conjunto de brillos que se relacionan y se mezclan en nuestro espacio; por ejemplo, los objetos que vemos son en realidad incoloros, solo absorben y emiten luz, dependen de ciertas frecuencias de onda que procesan y así nosotros captamos lo que ellos emiten y lo traducimos con nuestra percepción del color. Esto significa que nuestra forma de percibir es un conjunto de estímulos emocionales, memorias, información y redefinición de ondas de luz.

Estamos frente a una realidad que se manifiesta y crea a partir de proyecciones y revelaciones de onda y frecuencias lumínicas. Todo se ve teñido y creado por esta premisa.

Así de fascinante es lo que percibimos como mundo y realidad. Todo viene de un principio lumínico.

Podemos afirmar que ¡nosotros somos Luz y venimos de Ella!

Y esto es solo el principio del complejo mecanismo de traducción y transformación de lo que creemos como luminosidad. Todo lo que compone nuestro mundo está formado por partículas de fotones, que son la manifestación de esta luz en nuestro universo. Al profundizar en la sutileza de lo que son esas partículas, descubrimos que se dispersan por el universo, llegando incluso al núcleo de nuestras propias células. Estas células están impregnadas de luz, esencial en sus procesos biológicos y fisiológicos fundamentales.

Por ejemplo, estamos en constante intercambio y transmutación de energía dentro de nuestro cuerpo, ya empezando desde un nivel celular. Esta transformación se da por medio de complejos mecanismos bioquímicos, que están ligados a la creación, absorción y liberación de fotones.

Estamos frente al hecho de que gran parte de nuestra nutrición es posible gracias a la energía creada por partículas de luz; un ejemplo es la fotosíntesis: las plantas necesitan el alimento luminoso para producir oxígeno, por lo tanto el oxígeno que nosotros respiramos como mayor alimento viene de la creación de halos de luz absorbidos por las plantas. Así, nuestro origen de alguna manera está dado por estas partículas procesadas y transformadas. Estamos constantemente en relación desde distintos puntos de vista y dimensiones, relacionándonos y convirtiendo luz en movimiento.

Volviendo a las células, nuestro sistema inmune se alimenta de esta luz para generar circuitos internos que dan fuerza y sostén a nuestros tejidos y órganos. Esto quiere decir que estamos alimentándonos de luz, y no solo alimentándonos y regenerándonos por medio de ella, sino que también tenemos la capacidad de emitirla. En el ámbito de las terapias energéticas, creamos un cuerpo de luz mediante la presencia y la conciencia. Y es desde ahí que se emiten frecuencias y vías de sanación en ese espacio. La Luz está presente no solo a nivel físico, sino también en un plano metafórico, simbólico y espiritual. Utilizamos términos relacionados con la luz para describir qué es la consciencia, el Espíritu y la claridad, evidenciando su significado y presencia trascendental en diferentes aspectos de nuestra existencia.

12

Otra forma de entender la luz

La luz no solo actúa como un canal de energía, sino también como un conductor de información, facilitando el intercambio de conceptos entre distintos planos de existencia. A través de nuestro limitado conocimiento sobre las facultades inherentes a la luz, podemos renunciar a cualquier concepto erróneo sobre la naturaleza humana, ya que en última instancia somos una manifestación de esta fuerza sutil e inmensa que engendra el universo entero y nos convierte en una parte integral y fundamental de esta vasta fuerza creadora.

A lo largo de la historia, muchos han denominado a esta fuerza como «dios», especialmente en culturas antiguas que no tenían otra forma de describirlo, pero que intuían y percibían nuestra esencia luminosa. Guiados por sus recuerdos o interpretando las imágenes que recibían en sus meditaciones, optaron por llamarlo «dios», «sol», o utilizar otros términos para agradecer y honrar la naturaleza lumínica de sus percepciones.

La verdad es que todo lo que experimentamos está, de alguna manera, influenciado o generado por partículas de luz.

Con respecto a la respiración circular y conectada, me gusta pensar que, al abrir el flujo energético en nuestro cuerpo, contribuimos a estimular los centros y meridianos, nutriendo así la producción y absorción de las partículas de luz. Al generar ese flujo interno de energía, nuestras células despiertan y aceleran su capacidad para liberar luz. Por esto, es muy común que aquellas personas que están experimentando un estado profundo de expansión de consciencia perciban y sientan la energía plasmada, descrita como luz, dentro de sus cuerpos. Esta sensación desencadena una purificación automática en el cuerpo, reiniciando emociones, pensamientos y patrones. Es como si una corriente de luz cósmica atravesara su cuerpo, eliminando cualquier impureza de golpe.

Debemos comprender que la capacidad de sentir luz en todo nuestro Ser es un reflejo de memorias que se despiertan en nosotros. Si consideramos que nuestras memorias se remontan al origen del mundo y que todos tenemos acceso a esa información a través de nuestro ADN, no resulta extraño pensar que, al abrirnos a estas memorias ancestrales, podamos experimentar lo que significa estar inmersos en la Luz. Podemos recordar, a través de nuestro cuerpo, la esencia misma de esta Luz.

Visualiza cómo a través de la respiración y la meditación puedes cultivar esa sensación de ser Luz. Intenta hacerlo por medio de la visualización, ya que esto trae consigo la capacidad de generar sensaciones que apoyen la experiencia. Imagina una llama en el centro de tu pecho. Al inhalar, esa llama crece y se alarga, y al exhalar, esa llama se expande. Permanece algunos minutos en esa respiración. Notarás cómo al final te sientes ligero, arraigado, con una sensación diferente del espacio y una conciencia de irradiar luz a tu alrededor. Esta práctica te dará solidez en tu campo energético y te permitirá gestionar de manera más fluida tus emociones y las circunstancias que se te presenten.

Así, nos entrenamos en la capacidad de generar luz y después emitimos esa luz a personas o lugares que la necesiten. Te invito a probarlo: envía energía desde tu centro después de haberte recargado de esa luz tú primero. Experimentarás un cambio en las personas o lugares a los que envíes esas frecuencias.

Por lo tanto, comprendamos que simplemente al nutrir esta cualidad en nosotros y al tener la intención presente de compartir esta luz, estamos contribuyendo a la sanación de nosotros mismos y de nuestro entorno. Todos tenemos derecho a experimentarnos desde una perspectiva más elevada y luminosa. Esto no tiene que ver con poseer cualidades específicas, es algo que todos podemos experimentar, ya que estamos constantemente en contacto, directa o indirectamente, con estas cualidades de partículas de luz.

Ahora, siéntate y disfruta de lo que se siente cuando recordamos o reconocemos que somos capaces de iluminarnos por dentro, como un fuego que activa nuestro Espíritu.

Formas de destellos están en nuestra memoria como chispas que esperan ser descubiertas y figuradas, para dar paso a información que es extremadamente importante para nuestro camino de descubrimiento del Ser. Cuando estamos abiertos y en sintonía con lo que necesita ser expresado desde dentro de nuestra conexión personal con el misterio, estamos abriéndonos a un proceso de despertar. Este despertar es el contacto con el Espíritu, que nos llama desde dentro.

Este Espíritu es lo que muchos han perseguido a lo largo de la historia por medio de infinitas prácticas espirituales. Es el contacto supremo con esa luz que somos y a la que ansiamos volver.

En medio de nuestra conciencia infinita, sabemos la verdad de nuestra naturaleza, y por más que creamos estar lejos de alcanzarla, se hace cada vez más cercano el momento, ya que el propio inconsciente colectivo está permitiendo el acceso cada vez más suave y directo al camino de la autoiluminación.

¿Por qué se le llama iluminación al despertar de la conciencia? Este término de alguna manera inunda directamente nuestros pensamientos con la idea de que el recorrido que debemos realizar para nuestro despertar ¡es el camino hacia la Luz! Podemos tomar esta metáfora como la descripción directa de lo que vengo comentando.

Por ejemplo, cuando una persona nace, pasa por un túnel, que es el canal de parto; este canal tiene como final la llegada a la luz, que sería nuestro plano de realidad. Asimismo, cuando personas que han tenido una experiencia de muerte la describen, lo hacen como un túnel que lleva a la Luz. Por lo tanto, podemos entender que, en este simple estímulo de guiar el camino de vuelta a la Luz, describimos la entrada y salida de este plano de consciencia y el retorno hacia la Fuente primordial. Es fascinante entender cómo los símbolos funcionan en nuestra psique ayudando a codificar y estructurar información mucho más elevada y profunda.

Este es el caso de lo que conforma nuestra naturaleza divina y al mismo tiempo humana.

¡Somos y venimos de la Luz!

La luz puede usarse como metáfora de este anhelo espiritual, pero también se encarga de medir de forma científica los acontecimientos estelares, tan lejanos a nuestro entendimiento común. Nos da no solo la explicación de cómo funcionan los distintos tiempos de la conciencia, del universo, de la creación, sino que nos guía por medio de su forma de manifestarse para entender lo más profundo del Ser y todos sus misterios. Increíble que seamos portadores de esa información, increíble saber que además es nuestro alimento y lo que nos ayuda a recargarnos y regenerarnos. Somos energía, somos frecuencia, somos vibración. Todas estas cualidades juntas podríamos describirlas como Luz.

Es por eso que cuando respiramos de forma circular y conectada, accediendo a estados de expansión de la consciencia, es vital abrirnos a permitir que nuestra energía se expanda en movimientos vibratorios. Esta vibración se encarga de despertar, activar y restaurar toda la red eléctrica que conforma nuestros tejidos. Esta electricidad empieza a permitir que zonas internas se despierten y se abran a recibir y transportar información. Todo es información. Existen campos que guardan los registros y secretos de cada ser viviente en este planeta. Esto quiere decir que cuando un ser se abre a nacer, puede ser una planta, flor, animal o nosotros mismos, primero se crea un polo de electricidad positivo y negativo; esta polaridad genera un campo, y este campo transmite la información de la arquitectura de ese Ser, dando paso a la materialización del mismo. ¡Es tan fascinante cómo se crea la materia que parece ciencia ficción o magia pura! ¡Es un milagro cómo todo en el universo se genera y transforma en múltiples iluminaciones de una energía de existencia y creación! ¡Somos inmensos! ¡Somos increíbles!

¿Qué pasa cuando asumimos y entendemos esto con todo nuestro cuerpo y nuestra mente? ¿Cómo te sientes, enraizando estas afirmaciones en lo profundo de ti? ¿Estás listo o lista para permitirte y decirte estas afirmaciones? ¡Es por ahí que debes empezar! Enraizando la grandeza y la magia de tu propia existencia. ¡Reclama ese derecho! Desmantela cualquier pensamiento o creencia que no te deje asumirlo. Así podrás experimentar lo que eres en totalidad. Respira profundo, atrae estas cualidades y estos decretos en cada inhalación que das, enraizándolos en ti con cada exhalación. Recuerda que la respiración sirve para traer la información de campos sutiles a este plano material. Ella te puede ayudar y entrenar para que cambies tu perspectiva limitada de lo que es la realidad y, por lo tanto, lo que eres tú mismo.

¡Somos luz en este universo de luz!

¡Este es uno de mis mantras actuales! Desde el momento en que lo entendí y conecté con esta idea, la utilizo para activar esta sensación y cualidad en todo mi cuerpo, cada vez que lo necesito. Los mantras o afirmaciones son muy útiles, cada palabra trae consigo una fuerza que ayuda a evocar la información que quieres plasmar en ti. Por eso hay que cuidar nuestros pensamientos y palabras: calcula cuántas veces al día puedes decirte a ti mismo que no sirves, que no eres suficiente, que no llegarás; imagina el impacto que este pensamiento o las palabras que te dices en voz alta tienen en tu percepción y creación del mundo. Por eso debes elegir bien las frases que te dices y estar atento al impacto que generan en ti. Pero volviendo a mi mantra «somos luz en este universo de luz», te invito a que simplemente lo digas en voz alta, después de estar conectado contigo por medio de unas cuantas respiraciones, y cuando lo pronuncies siente cómo resuena dentro de ti, puedes incluso imaginar que tiene una reverberación, ¡una onda que se esparce por todo tu cuerpo, llegando a tocar cada célula tuya, y observa! Observa tu sensación.

Desde siempre se ha sabido la capacidad que tenemos de programarnos, así que elige cómo quieres programar tu mente y tu cuerpo. Cuando iluminas tu cuerpo con ideas de Luz, empiezas a generar una energía interna que responde de forma alterna a esa guía que tú estás dando. Vas a empezar a sentir que casi automáticamente, cuando entras en esa programación, tu cuerpo se enciende por dentro, como si fueras una bombilla encendida. Es una sensación de expansión y de ligereza tan potente que inmediatamente la quieres instaurar en tu práctica diaria. ¡Esa es una de mis prácticas diarias! ¡Meditar para activar la Luz en mí! Te invito a probarlo.

V. CREACIÓN

13

Somos creadores

Jamás dudes de lo que la vida te muestra, esto es ir en contra de tu propia consciencia y capacidad de elección como creador. Debemos entender que, más allá de las limitaciones físicas que creemos tener, estamos encarnando una conciencia elevada y multidimensional. Jamás pensemos que venimos al mundo siendo víctimas de circunstancias ajenas a nosotros, eso nos quita poder y capacidad para generar espacios de crecimiento.

¡Iluminemos nuestro pensamiento con la responsabilidad de ser creadores! Te propongo que crees un personaje. Debes describir cómo es. Primero elige un sexo y un lugar de nacimiento. Luego decide qué tipo de padres tiene; cómo es su madre y las cualidades que le brinda a su vida, pueden ser positivas o negativas según las experiencias que quieras tener, eso incluye retos que te ayuden a querer superarte. Así, haz lo mismo con su padre. ¡Elige hermanos, casa, cuerpo, y define todo de la forma más precisa que puedas! No te pares a pensar o racionalizar, deja que tu mente vaya viajando de imagen en imagen, como si tu pensamiento no saliera de tu cabeza, sino más bien de tu corazón. Debes cerrar los ojos, respirar profundo, definir el espacio interno como un lugar en blanco donde todo se puede crear. ¡Solo imagina y déjate llevar!

Con suerte, al acabar habrás visto una serie de imágenes que se suceden sin un orden establecido, abiertas a espacios que incluso no sabes identificar, en las que no te puedes involucrar; es más, te das cuenta de que no están conectados con tus emociones o expectativas. Estas imágenes pasan por tu mente como una película, seguramente con retazos de películas que existen ya en tu memoria. Con esto quiero decir que la naturaleza de las experiencias que codificamos con nuestros sentidos son producto de proyecciones establecidas por juegos de luz que se reflejan en una pantalla. Así es todo lo que conoces y describimos como realidad. Estamos tan apegados a lo que significa nuestra identidad que hemos perdido el punto de observador de lo que pasa alrededor, obviando que somos simples espectadores.

Ahora haz el mismo ejercicio pero con tu vida actual, o lo que crees que es tu vida. Cierra los ojos y deja que las imágenes vengan sin orden o sentido, solo como imágenes. ¡Verás la diferencia de posición en tu mente cuando puedes desapegarte y percibirte como solo un observador! Este ejercicio sencillo te ayudará a tomar distancia de lo que crees que es real, así podrás ejercitarte en la cualidad primordial de la consciencia suprema, esa que todo lo es, y asimismo podrás desarrollar ¡la capacidad de ser y no ser! Esta actitud te permitirá sentir lo pequeño que es ese gran mundo que crees que te define.

Bendita la ignorancia que nos ha mantenido en este lugar de incomprensión, ya que ha sido importante para desaprender lo que era una verdad absoluta, para dar paso a la verdad necesaria ahora. Con esto quiero explicar que la magia de la conciencia es que siempre viene y va. Como dos flechas que se siguen una a otra en espiral apoyadas en su movimiento para avanzar. Una de esas flechas va en una dirección fija y la otra contradice su movimiento creando una constante circulación entre aprender, desaprender, volver a aprender y así infinitamente. Por eso es importante que entendamos el juego en el que estamos y, sobre todo, que aprendamos a divertirnos dentro de ese juego con la certeza de que todo cambia constantemente.

Por lo tanto, no somos prisioneros, ¡somos jugadores!

No hay mayor ilusión que la que implica la separación en cualquiera de sus formas. Esto quiere decir que estamos en constante comunión no solo con los otros, sino también con las situaciones que nos rodean, los pensamientos que se crean, las emociones que nos atraviesan. Entonces hay que cambiar el foco sobre cómo influyen nuestros pensamientos y emociones en las experiencias que tenemos. Hay que sentir cómo todo eso descrito soy yo. ¡Yo soy el viento que sopla, soy el pensamiento que brota, soy las personas que se acercan a mí, soy el día y la noche! ¡Soy!

Cumpliendo con esta premisa, estamos en todas partes y en todos los lugares. Por lo tanto, no hay una división de tu cuerpo físico y tu entorno, ¡eso solo es otra ilusión! Es importante desarrollar la sensación de unidad a través de tus propios sentidos. ¿Cómo? Primero siéntate cómodo en algún lugar donde puedas estar tranquilo y el tiempo pueda parar. Desde ahí intenta respirar lo más lento posible. Poco a poco, siente cómo tu respiración está deshaciendo cualquier barrera que delimita tu cuerpo en contacto con el entorno. Expande tu sensación de tacto, primero hacia la ropa que roza tu piel, extiéndelo al aire que toca tu piel y ve agrandando ese espacio hasta llegar a los límites del cuarto donde te encuentras. Práctica esto con constancia, expandiendo tu sentido del tacto, hazlo cuando te duchas, en el contacto del agua en la piel. Siente cómo tu respiración entra y sale por cada poro de tu cuerpo. Verás cómo después lo puedes practicar en lugares o espacios abiertos y compartidos con otras personas; practícalo en esos lugares, verás cómo tu sensación del yo cambia. ¡Te verás reflejado en todo lo que hay a tu alrededor! Serás parte consciente de todo lo que te rodea. ¡Te verás reflejado en cada persona que hay a tu alrededor! ¡Encuéntrate en la cara de cada persona que se cruza en tu camino!

¡Encuéntrate en las sonrisas que se cruzan contigo en el día! ¡Expande tu noción de individuo mental rígido!

Ahora estás más listo para entender conceptos que van más allá de tu mente pequeña y estructurada; amplifica tus sentidos para así amplificar tus conceptos. ¡Sigue con prácticas diarias que sean sencillas y que puedas llevar a todas partes! ¡La conciencia es un estado permanente y constante de presencia y atención! Cuando controles esta posición dentro de ti, tu vida empezará a fluir con la energía de la existencia.

Nuestro cuerpo es un templo sagrado que está sostenido por un canal central, un eje que une la base de nuestro cuerpo con nuestra cabeza. Este eje es el conducto de comunicación entre el cielo y la tierra, donde ambos extremos encuentran su punto de fusión. Desde lo profundo de la tierra hasta el cristalino cielo, estamos enraizados y elevados, permitiendo que fluyan las esencias de dos mundos que se complementan y se dan vida mutuamente.

El cielo, en su dinámica de creación y movimiento, se refleja en el viento que viaja con su sabiduría e información. Por otro lado, la tierra, en su naturaleza receptiva y maternal, se manifiesta a través de las aguas que cruzan su territorio. Estas aguas, desde los manantiales interiores hasta los ríos que surcan la superficie, son canales de vida que conectan y nutren todo lo que tocan.

14

El agua

Aquí entra en juego la respiración, un acto que trasciende lo físico para convertirse en un ritual de conexión. Inspirar es atraer el aire del cielo, el mensajero celeste que trae consigo el aliento de la creación y la sabiduría del universo. Y este aliento activa las aguas internas de nuestro Ser, las que llevan consigo la información vital a través de los tejidos; mediante un flujo que interconecta y revitaliza cada célula y órgano.

Esta interacción entre el aire y el agua, entre el cielo y la tierra, va más allá de lo físico. Es un proceso de activación de códigos de información que residen en lo más profundo de la memoria universal. La información es la base misma de la vida, es la esencia que precede a los tiempos, la que da forma y sustenta la creación. Sin información, no hay vida ni manifestación. Así, cuando respiramos, estamos participando en el gran ciclo cósmico de intercambio y creación. Somos los portadores de la memoria, los canales de la información que da origen y forma a todo lo que experimentamos. Abrir espacio para ser es permitir que el viento del cielo y el agua de la tierra fluyan a través de nosotros, recordándonos que somos más que meros espectadores de la vida; somos parte intrínseca de su tejido mismo.

Así lo enseñan los kogui de la Sierra Nevada en Santa Marta, en Colombia. Son custodios y guardianes de una sabiduría no solo ancestral, sino también encargada de preservar la información para futuras generaciones, aguardando a que estemos listos para recibirla, preservada en el pico de esta montaña sagrada que llaman el Corazón del Mundo. Ellos residen en la cima, en comunión con la tierra y al servicio de cuidar el conocimiento que reside en ese lugar, hasta ahora, intocable, donde la madre guarda los códigos más puros de la creación de todo lo que existe. Para ellos todo en el universo se teje en el telar de la memoria cósmica, un entramado de información que abarca tanto lo visible como lo invisible, lo palpable y lo intangible. La creación, en su esencia más profunda, es el resultado de la memoria, una memoria sagrada que da vida a todas las formas y fenómenos que experimentamos. La memoria, en este contexto, no se limita a lo que almacenamos en nuestros cerebros como recuerdos personales. Es una memoria que trasciende el tiempo y el espacio, que reside en los códigos fundamentales de la existencia misma. Es la información primordial que precede a la manifestación física y que guía la formación y el desarrollo de todo lo que conocemos.

Imagina la memoria cósmica como un vasto archivo de patrones y arquetipos, un conjunto de instrucciones que definen cómo se estructuran las galaxias, las estrellas, los planetas, las formas de vida y el más allá. Cada partícula, cada átomo, cada estructura molecular lleva consigo esta información ancestral, como un código genético del universo. En el ser humano, esta memoria cósmica también está presente.

Nuestro ADN incorpora los códigos ancestrales que han sido transmitidos a través de generaciones.

Nuestra conciencia es una ventana a la memoria universal, a través de la cual podemos acceder a niveles profundos de conocimiento y comprensión. Los artistas, los científicos, los visionarios y los soñadores son canalizadores de esta memoria, la traducen en formas tangibles y expresiones creativas. Es la clave que nos conecta con el pasado, el presente y el futuro permitiéndonos comprender la interconexión de todo.

El agua desempeña un papel esencial como portadora primordial de la memoria en todas las formas de existencia. Esta agua proviene de las estrellas, del vasto universo, y a través de su poderosa influencia se desencadena el asombroso proceso que engendra la vida tal como la conocemos. Nuestro cuerpo, en su estructura esencial, se compone en un setenta por ciento de agua, y esto refleja la conexión íntima entre nuestra biología y la fuente misma de la memoria.

No solo en nosotros, sino también en la Tierra que habitamos, ya que esta presencia del agua es igualmente significativa: aproximadamente el setenta por ciento de su superficie está cubierta por océanos, mares y ríos. Esta abundancia de agua en nuestro planeta es un reflejo de su profundo papel como custodio de la memoria universal. Y además pone de manifiesto que somos una representación de nuestro planeta. Estamos hechos a su imagen y semejanza. Cada una de nuestras células contiene aproximadamente un noventa por ciento de agua. Este componente líquido es el hogar de la memoria. Toda la información se encuentra guardada y cuidada en cada célula de nuestro cuerpo. A lo largo de los tiempos, el agua ha sido testigo y portadora de los eventos cósmicos, de las historias de la evolución y de los secretos del universo. En su flujo constante, ha registrado cada momento, cada cambio y cada experiencia que ha marcado la historia de la creación.

El agua, en su esencia fluida y moldeable, es la sanadora de la memoria que nos conecta con los pasados ancestrales y con los futuros potenciales. En su naturaleza receptiva, el agua encierra no solo los logros de nuestras especies, sino también los desafíos superados y los conocimientos adquiridos. Cada gota de agua contiene el eco de innumerables historias, la suma de todas las experiencias vividas. El agua garantiza que no perdamos nuestra conexión con nuestras raíces, con lo que hemos sido y lo que estamos destinados a ser. La memoria que alberga en sus profundidades nos impulsa a evolucionar, a crecer y a aprender de los errores y los éxitos del pasado. Cada ondulación en un río, cada reflejo en un lago, nos recuerda que somos parte de un flujo eterno de sabiduría y experiencia. Por lo tanto, lo que buscamos cuando respiramos de forma circular y conectada es activar esa agua interna que está en cada célula de nuestro cuerpo para que la memoria tenga espacio y salida, para recordar quiénes somos y de dónde venimos.

Estamos viviendo tiempos de traer la información que ha estado dormida y asumir lo que somos para crear un futuro nuevo. Muchas personas que vienen a respirar están activando memorias de épocas de sacerdotisas, de sanadores, de conocimiento ancestral. Parece como si todas estas memorias estuvieran llamándonos para recordar que en algún lugar interno nuestro tenemos ese conocimiento y que a través de él somos capaces de desarrollar el poder de sanarnos a nosotros mismos. Una humanidad sana será esa donde cada individuo sepa exactamente quién es, cuál es su verdad y pueda darse a sí mismo todo lo que necesita, manteniendo la interconexión con todos y todo, elevando la energía en esa unión, sin la confusión que creamos cuando en las relaciones con otros buscamos todo lo que nos falta o de lo que carecemos, creando toxicidad en nuestros vínculos por falta de consciencia de nuestro propio poder.

Estamos en un mundo donde los vínculos son esenciales, pero la forma de generarlos es equivocada porque parte de una carencia; así se confunden las intenciones y las expectativas que ponemos en esos vínculos, reflejando heridas personales, proyectándolas en el otro, haciendo responsables a los demás de lo que sentimos y además exigiendo que nos den una solución o se hagan cargo de nuestras heridas. En el momento en que cada individuo esté en su verdad y sepa perfectamente quién es, este juego acabará. Nos apoyaremos y compartiremos desde un lugar honesto y auténtico. Sin drama.

Por eso es esencial en estos tiempos recordar que nosotros somos nuestros propios maestros y sanadores.

Que todos sin excepción tenemos esa capacidad. Solo tenemos que recordar.

Hace mucho tiempo que el cambio de humanidad se está construyendo y naciendo, como todo, aunque el universo se toma otro tiempo diferente al nuestro y sentimos que es muy prolongado, pero no lo es. Desde los años noventa del siglo pasado se han creado distintos movimientos que tienen que ver con la creación de un cuerpo de luz, con que los conceptos básicos sobre la relación del humano con la tierra han estado transformándose, y parte de esa transformación pasa por la recuperación del conocimiento que tenían nuestros ancestros. Ellos estaban en comunicación constante con el Espíritu de esta tierra. Su manera de relacionarse con el entorno se basaba en generar espacios sagrados donde el Espíritu animado de cada ser vivo pudiera ubicarse y ser cuidado dentro de este tejido que es la vida.

Hemos pasado por un tiempo largo de oscuridad. Un tiempo donde el humano olvidó su naturaleza divina y estelar cambiando y confundiendo sus pactos y su propósito respecto al cuidado de este planeta. Olvidó que somos guardianes de una sabiduría interestelar que conecta la tierra con estrellas lejanas, dando un sentido al origen de todo lo que respira. Todo respira: los árboles, los animales, la tierra, nosotros. Todos unidos bajo un mismo movimiento respiratorio de expansión y contracción. Todos cercanos y guiados por ese aliento de vida invisible.

Estamos recuperando nuestra memoria, estamos acercándonos de nuevo a recordar cómo y qué hay que hacer en función de la evolución de este lugar-espacio y entre nosotros mismos. Lo más importante es entender que no estamos aislados, no somos indiferentes para el movimiento de la creación.

¡Cada uno de nosotros cuenta! ¡Cada uno de nosotros tiene un lugar!

Esto quiero decir que lo que hacemos influye directamente a todo lo que se genera alrededor; esto nos da un sentido de conciencia y responsabilidad, no como un deber, sino como una esperanza de actuar propiciando este momento tan esperado por muchas culturas desde tiempos antiguos. Estamos en un momento de iluminación. Por eso tanta oscuridad está surgiendo en nuestro planeta. Por eso tantas heridas y energía de traumas están saliendo a flote para ser limpiadas y sanadas. Estamos cumpliendo la misión de nuestras almas.

Cada uno de nosotros ha nacido en este momento por una razón específica.

Y si estás leyendo este libro, aún más.

Somos parte de un cambio, de un proceso evolutivo de la consciencia de este planeta. Ahí es donde debemos enfocar nuestros esfuerzos: en unir nuestra fuerza en función de la ley de la Tierra. Llevamos muchos siglos tomando lo que queríamos de ella sin ninguna conciencia, siendo ciegos de necesidades de autodestrucción sin entender que nosotros somos parte esencial de nuestro planeta, que estamos aquí para nutrir y cuidar nuestros primeros pactos con ella. Estos pactos están basados en la armonía, la abundancia, la belleza y la paz.

Vienen tiempos difíciles pero también increíbles. Y nuestro mayor trabajo en este momento es crear una imagen del mundo que queremos: la de un lugar armonioso y lleno de Luz donde sea posible disfrutar de lo increíble que es estar vivo. ¿Cómo podemos generar esto? El primer paso para lograr manifestar esa Tierra que queremos es ¡imaginándola! La fuerza y poder que tienen nuestras visualizaciones son infinitos. Esta imagen puede crear una realidad. Como hemos visto, todos pertenecemos a un espacio de creación. Todos somos esa mente creadora. Si conectamos y sintonizamos con el futuro que queremos ver y vivir, eso traerá la manifestación en el plano material; recuerda que todo viene de una memoria, la memoria lo es todo. Esa memoria es un campo de información, de modo que cuando accedemos a conectar con los códigos de esa información guardada en estos campos de realidad, podemos traer esa materialización.

La verdadera sanación se da cuando entendemos que somos parte de un flujo de energía y que todo está interconectado.

Entendemos que hay algo más grande que nosotros que nos sostiene, la sensación de soledad desaparece, la necesidad de pertenencia se apaga, la búsqueda de un propósito personal ya no es necesaria. Empezamos a sentirnos libres en esta interconexión, siendo conscientes de nuestra inmensidad, de nuestra capacidad de conexión con todo el entorno. Ya no necesitamos seguir buscando, porque hemos llegado, nos sentimos en casa, nos sentimos parte de ese Espíritu que late a nuestro alrededor. Unimos ese pulso de vida de nuestro corazón al pulso de todo lo que hay y respiramos en una misma respiración con la Tierra.

La Tierra tiene una respiración. Es como un susurro, un latido, se expande y se contrae en cada movimiento; toda ella respira constantemente.

Cuando dejamos que la respiración nos respire, sintonizamos con la respiración de todo lo que existe. Nos parece que no tenemos un límite físico, solo nos sentimos en unión. Es sincronizarnos con el tempo de la naturaleza, y nuestro interior responde a ese ritmo porque nosotros somos naturaleza. Estamos hechos de agua, de aire, de tierra… Venimos de la mezcla de átomos, células, memorias. Estamos hechos de madre. Ella es compasiva, amorosa y paciente. Nos da todo lo que necesitamos desde la máxima expresión de amor incondicional.

Para mí, el día que entendí que yo soy mi madre, al ser parte de la naturaleza y estar intrínsecamente conectada con ella, que soy yo misma la que se engendra, se crea y se pare, que tengo la capacidad de mantenerme y sostenerme, que puedo amarme incondicionalmente y suplir todas mis necesidades, ese día cambió algo muy profundo en mí.

Este concepto me dio libertad y, sobre todo, me hizo sentir completa.

Me sirvió para dejar de buscar fuera una aprobación o el amor, para saber que tengo la fuerza de sostenerme por mí misma.

Eso no quiere decir que no necesite del contacto y la relación con otros, ya que en esas uniones nos realizamos, compartimos lo que aprendemos, lo que entendemos. Juntos tenemos el poder de crecer y evolucionar, de sumarnos, de llevar a la manifestación el cuidado y la protección del amor que tanto bien nos hacen. Pero es una liberación para uno mismo, y también para la gente que nos rodea, el hecho de reconocer y tomar consciencia de que en nosotros está el poder de generar el bienestar que necesitamos. Somos capaces de crear un mundo que se ajuste a nuestros sueños, a nuestros deseos, un mundo conformado por la creatividad, por la armonía. Para ello, un paso básico es encontrar nuestro verdadero poder.

Durante muchos años estuve luchando, de alguna manera sentía que estaba en peligro y que necesitaba luchar para llegar a los lugares que me proponía. Esto estaba sujeto a una idea de que la vida era difícil y, sobre todo, a que yo estaba sola. También estas ideas están arraigadas en viejos paradigmas que solía oír cuando era niña como: la vida es dura; si no trabajas duro, no llegarás a nada; si no estudias, no serás nadie…, y muchas otras creencias con las que me imagino que muchas personas se relacionan también. Esto me llevó a asumir esas ideas como verdaderas y a generar dentro de mí una exigencia constante, forzando todo el tiempo mis límites.

Recuerdo que uno de mis rezos o intenciones más presentes era la de «empoderarme»; se me venían imágenes de indígenas con lanzas, listos para enfrentar cualquier peligro. Así fue hasta que un día entré en un temazcal y pedí que, por favor, de una vez por todas me mostraran cuál era mi poder. Entré a ese lugar con forma de útero, totalmente oscuro, con más de veinte personas apretadas por la falta de espacio, sin mucho aire para respirar, lleno de vapor producido por el agua que echaban sobre las piedras volcánicas que ardían en el centro del altar, todos desnudos.

En un momento todo eso desapareció: estaba en un lugar vacío e infinito, completamente sola y en paz. Suspendida en el espacio, ligera y despejada, y vino una voz clara que me dijo: «Tu poder es la paz». Y entonces fue como si todas las barreras que había estado construyendo alrededor de una supuesta fortaleza que creía necesaria ante mí misma y ante la vida cesaran.

La palabra «lucha» se desvaneció y no volvió a tener sentido para mí.

Durante los más de quince años que trabajé con la respiración holotrópica, siempre estaba presente la lucha en mi forma de dirigir las sesiones; estaban enfocadas en la superación de los límites físicos y mentales, así que gran parte del trabajo estaba guiado a activar la parte más guerrera de cada uno, ya que la recompensa al atravesar el umbral era de pura plenitud y expansión. Siempre subyacía la idea de que había que luchar para conseguir algo excepcional, que había que romperse para poder abrirse.

Pero de repente entendí el concepto de *paz* como fuerza, como poder, como una llave igual de potente y efectiva para llegar a ese estado de plenitud y de sanación. Empecé a observar la magia que habita en el acto de relajarse por completo, de abrirse sin resistencia, de permitir que la energía fluya sin obstáculos. ¡El poderoso acto de la entrega! En él todo se desvanece y se amolda a formas nuevas. Surge la poderosa esencia de la fusión, del permiso. Este es un concepto que parece tan fácil y natural pero que estamos lejos de conocer.

La lucha genera constantemente tensión, no solo mental o emocional, sino directamente en nuestro cuerpo físico. Esta tensión no permite a la energía fluir de forma armónica y orgánica. Colapsa el sistema y perpetúa la sanación. Tenemos que distinguir entre dos procesos totalmente diferentes: uno consiste en querer abrir una memoria por medio de la tensión y la exacerbación de esa tensión hasta que haya un quiebre; el otro persigue que se relaje tanto el cuerpo que se abra lentamente, de forma segura y menos traumática para el propio organismo. Ambos tienen un impacto, ambos tienen un resultado. Pero son formas y vías diferentes.

Personalmente, en estos momentos tengo más afinidad con el segundo tipo de proceso. Y parte de la educación que me siento llamada a compartir ahora es precisamente reaprender a llegar a lugares muy profundos desde la suavidad y la dulzura. Siento que son cualidades que necesitamos rescatar para crear una nueva forma de pensar. En mi caso, abrirme a la entrega fue un camino sanador y revelador; es más, nunca me imaginé que tenía que hacer un trabajo para llegar a ese estado. Pero la primera vez que sentí verdaderamente la entrega como sensación corporal me di cuenta de que nunca antes había tenido un registro parecido en mi cuerpo. Por lo tanto, entendí que tenemos que educarnos en ese tipo de conceptos que mentalmente parecen tan sencillos, pero que a nivel de la psique y el cuerpo no lo son.

¿Qué es la entrega para ti? ¿En qué lugares sientes que puedes entregarte? ¿Cómo se siente en el cuerpo? ¿Qué forma tiene esa vibración? ¿Qué movimiento tiene esa cualidad?

De nuevo, si queremos comprender más allá de nuestra razón, la vía más efectiva es ir a las sensaciones corporales, respirar profundo y ayudar a que esos registros queden impresos en nosotros por medio de la respiración. Recuerda que la respiración no solo activa las memorias, también las libera y las ayuda a repararse. Observa en qué lugar del cuerpo sientes que se encuentra la entrega. Cada emoción tiene un lugar específico en el cuerpo. No es el mismo para todos; por ejemplo, el miedo es una emoción que se manifiesta de dos formas diferentes en nosotros. Está el miedo ligado a la supervivencia, que es nuestro aliado para advertirnos cuándo hay un peligro, cuándo debemos huir o salir de una situación comprometida. ¡Y está el miedo que se transforma en entrega!

Cada emoción tiene polaridades positivas y negativas, con esto no quiero decir buenas o malas: cada polaridad es una representación de esa energía. Cuando permitimos que la energía crezca en nosotros, le damos espacio para ser sentida y manifestada, y entonces atraviesa su propio umbral permitiendo la transformación o transición hacia su polaridad. Por ejemplo, en el caso del miedo, emoción que a mí me gusta mucho dada su naturaleza espiritual, se transformaría en entrega absoluta, en confianza, en fe.

Digo espiritual porque la entrega en sí misma es una de las emociones más profundas que los seres humanos podemos experimentar. En ella está la conexión con el Espíritu, la fusión y unión con todo lo que existe. Un lugar donde no hay resistencias ni bloqueos ni dudas. Cuando las emociones atraviesan su umbral es cuando se transforman; para eso hay que sentirlas al máximo y permitir que se expresen.

El umbral es un concepto que también necesitamos entender e incorporar: es esa barrera donde los mundos se tocan y se comparten. Podemos ver la metáfora del umbral en cada cosa que existe. Por ejemplo, en el momento de nacer se trasciende un umbral a la vida, lo mismo que en el momento de morir.

Los umbrales son oportunidades en que la energía se despliega y transmuta. Es el paso, entrada o límite que indica el comienzo de algo, la frontera entre dos estados de conciencia o realidades.

Son el punto de transición, espacios sagrados y misteriosos que separan lo tangible de lo etéreo. El umbral representa un lugar simbólico donde se cruzan diferentes dimensiones de la existencia. Es el punto de partida hacia la transformación, donde uno se enfrenta a la posibilidad de abandonar lo conocido y familiar para adentrarse en lo nuevo y desconocido.

Este concepto místico del umbral se asemeja a un portal o puerta entre mundos, donde se experimenta una transición, una especie de iniciación hacia lo divino o lo trascendental. Atravesar el umbral implica un acto de valentía, de dejar atrás lo viejo para abrazar lo nuevo, lo espiritual y lo sagrado. El umbral se convierte en un símbolo poderoso que representa la oportunidad de crecimiento interior, la conexión con lo espiritual y el despertar de la conciencia hacia una nueva realidad más elevada y plena.

En un nivel más tangible y práctico, está relacionado con permitir que la energía nos atraviese, que la vida se exprese a través de nosotros sin resistencia y con presencia. Las emociones, al ser transformadas, pasan por un umbral real y palpable. En las sesiones de respiración consciente se hace evidente el momento en que la energía atraviesa ese portal invisible, pero al mismo tiempo visible, dando paso a la transformación y creación de nuevos registros en el cuerpo y en la psique. Explorar el umbral desde una perspectiva tangible y práctica implica comprender cómo interactuamos con la energía, las emociones y las experiencias de transformación en nuestra vida cotidiana. El umbral puede ser visto como un punto de inflexión donde se produce una apertura consciente hacia la energía y la vida misma, permitiendo que fluya a través nuestro.

Muchas personas sienten el umbral como un lugar desconocido al cual tienen miedo de llegar. La resistencia a cruzarlo se debe a que no saben si perderán el control al permitirse vivirlo en plenitud. Pero desconocen que así están limitando el potencial de transformación personal.

Si ponemos el ejemplo de la tristeza, observándola como energía, al contenerla y no querer sentirla, va tomando un espacio latente dentro de nosotros que, al no tener expresión o espacio para ser sentida y transmutada, se convierte poco a poco en una depresión. Si por el contrario elevamos su energía, dándole espacio en el cuerpo, permitiendo que se manifieste sin resistencias y con conciencia, pasará su umbral transformándose en su polaridad, que en este caso sería la paz.

Evitar nuestras emociones puede llevarnos a un estancamiento mortal.

Cada emoción tiene una polaridad positiva que nos nutre y funciona a nuestro favor.

Como son ondas de frecuencia, tienen características específicas de tiempo y longitud. En el caso de la tristeza, esta crea una onda lenta y pausada, la misma que experimentamos en momentos de meditación. Por lo tanto, si usamos la energía de la tristeza y la llevamos a su umbral, podemos transformarla en energía de meditación. Al observar la tristeza desde su perspectiva energética, quiero resaltar que reprimir esta emoción puede llevarnos a acumularla y convertirla en algo más denso y perjudicial para nosotros. Por lo tanto, es esencial que nos permitamos sentir y dejemos que ese sentir fluya. Debemos aprender a expresarlo con conciencia. Y a observarlo y concebirlo como energía, intentar no atarlo a una historia, darle la libertad de expresarse.

Cuando nos permitimos sentir plenamente nuestras emociones, atravesamos un umbral emocional. En este estado, nos volvemos receptivos a las experiencias, las emociones y las energías que nos rodean. En lugar de resistir o reprimir nuestras emociones, nos sumergimos en ellas, las aceptamos y las transformamos. Este proceso puede ser intenso y desafiante, pero al cruzar este umbral emocional se genera un espacio para el crecimiento personal y la sanación. Durante estos momentos, se puede sentir una apertura, un cambio en la percepción y la energía del cuerpo. La respiración consciente es una herramienta para atravesar ese umbral, ya que permite la liberación de tensiones acumuladas y facilita la transformación y la creación de nuevos estados de conciencia. Al estar presentes en este proceso, se desarrolla una mayor conciencia de uno mismo y del entorno. Se puede experimentar una sensación de conexión más profunda con la propia esencia y con el universo.

La idea de la creación de una «nueva Tierra» o un cambio de paradigma es un concepto fascinante que ha sido abordado por diversas filosofías espirituales, movimientos de consciencia y corrientes de pensamiento contemporáneas. Este concepto implica una transformación colectiva hacia una forma de vida más consciente, conectada y armoniosa. Y necesita de un profundo cambio en la conciencia colectiva, donde las personas nos podamos mover hacia una forma de vivir centrada en valores como la compasión, la cooperación, la sostenibilidad, el respeto por la naturaleza y la búsqueda de un propósito más profundo en nuestra existencia.

Este cambio de paradigma no se limita solo a un nivel individual, aunque es obvio que el cambio se realiza desde lo individual primero y luego se proyecta a lo colectivo. No podemos generar cambios fuera que no estén anclados de forma auténtica en el interior de nuestro Ser. No es posible extender un conocimiento que no ha pasado primero por nuestros propios cuerpos.

El cambio empieza en nuestra parte más íntima y luego se despliega en la forma en que nos relacionamos con los otros y con el mundo que habitamos. Para alcanzar este cambio que siento que todos estamos necesitando tanto, es crucial una evolución en nuestras creencias y en nuestra forma de percibir el mundo. Esto implica cuestionar y desaprender antiguos patrones de pensamiento que perpetúan el egoísmo, la separación y la explotación, y adoptar una mentalidad más inclusiva, empática y colaborativa en todos los niveles.

Muchas veces nos sentimos fuera de estas circunstancias por las que atraviesa nuestra sociedad, como sucede con las guerras, por ejemplo. Pero lo cierto es que aunque tú no apoyes la guerra ni estés relacionado con ella, seguramente hay pequeñas batallas y actitudes en ti en tus entornos más íntimos que tienen características de esa energía. Cuestiónate esto, pregúntate y observa en qué lugares de tu día a día reproduces acciones, aunque sean pequeñas, que apoyen comportamientos de guerra. Por aquí debes empezar, antes de cualquier intento de predicar la paz. La toma de conciencia y la preparación para este desarrollo elevado involucran trabajar en uno mismo, cultivando la compasión, la empatía, la gratitud y la conexión real y sincera.

A nivel colectivo, implica promover la educación, la

comunicación y los vínculos sanos. Sin embargo, este proceso no es necesariamente lineal y requiere superar obstáculos, resistencias y conflictos arraigados en viejas estructuras. Pero a medida que más personas nos unimos en este camino de transformación, se va gestando un cambio gradual que puede llevarnos hacia una sociedad más consciente. En este nuevo paradigma, las personas están despertando a una mayor consciencia de sí mismas, buscando un propósito más profundo en la vida y cultivando una mayor comprensión de la interconexión entre todos los seres vivos. Se trata de adoptar un enfoque más holístico y compasivo hacia la vida, reconociendo la importancia de cuidar y preservar nuestro planeta, así como de fomentar relaciones más genuinas y significativas entre las personas. Este proceso se apoya en la idea de que cada persona tiene un papel importante en la cocreación de un mundo más positivo y compasivo. A medida que más personas se comprometen con la transformación personal y colectiva, se crea un impulso más poderoso hacia la manifestación de una sociedad más consciente.

Es importante no olvidar que este trabajo debe estar dirigido hacia el cuidado de nuestra Tierra, de este planeta que es nuestra casa y que nos sostiene, nos alimenta y apoya nuestra vida. Durante demasiados años hemos obviado las fuerzas de la naturaleza y la importancia que tiene vivir en sincronía con sus ciclos; hemos hecho caso omiso a las señales y la información que ella está constantemente dándonos por medio de todo lo que nos rodea. Hemos abusado, maltratado y generado mucha inconsciencia alrededor.

Hemos ignorado a nuestra verdadera naturaleza, esa que habita dentro de nosotros.

Nos hemos perdido en el camino, y esto ha traído consecuencias devastadoras. Ya los seres humanos no se mueven desde el amor, hay mil cosas supuestamente más importantes a las que dedican sus días y horas. Están adormecidos.

Pero es momento de despertar, de rescatar el conocimiento ancestral que ya teníamos antes de este periodo de oscuridad.

Los trazos están dados, culturas antiguas ya dejaron una guía y los pasos concretos en muchos lugares del mundo para que hoy nosotros podamos encontrar las señales y seguirlas. Tenemos simplemente que trabajar en limpiarnos de programaciones que ya no nos sirven, que están caducadas y ocupan un espacio preciado dentro de nosotros. Necesitamos recuperar este espacio y poner semillas más afines a la vida, al florecimiento y a la comunión. ¡La buena noticia es que estamos en camino! Hace unos años esto parecería un compartir de locos, ahora muchos más podemos sentirnos llamados y en resonancia con estas palabras, incluso si no llegamos a entenderlas en su totalidad.

Aunque durante siglos hayamos creído que la supervivencia implica adoptar la mentalidad de «Sálvese quien pueda», la verdad es que, como organismos interconectados, nuestra verdadera evolución radica en la unidad con los demás y con el entorno.

El despertar está enfocado principalmente en la creación de un mundo mejor para todos.

La fuerza que se genera cuando dirigimos nuestros pensamientos e intenciones desde lo profundo de nuestro Ser hacia el mundo, los demás y nuestro planeta es sorprendentemente poderosa.

La fuerza que radica en la unión no tiene límites. Para eso necesitamos centrarnos en nuestra capacidad de visualización.

Muchas personas sienten que soñar, fantasear, visualizar, son actos que no tienen ningún tipo de impacto o importancia, pero eso es una equivocación. El poder de la manifestación se basa en la capacidad de visualizar, de conectar con las imágenes de lo que queremos crear. Porque, además de nuestra imaginación, está el reconocimiento de que nuestra mente es capaz de crear realidades más allá de lo que incluso podemos concebir de forma consciente. La visualización, en este sentido, se nos presenta como una herramienta increíble para dar forma a esas realidades que deseamos manifestar.

Al visualizar, estamos accediendo a un nivel más profundo de nuestra psique, donde están almacenadas no solo imágenes, sino también códigos y símbolos impregnados de energía e información. Y ya hemos visto que estos elementos no son solo producto de nuestra imaginación; más bien, son parte de esa memoria primordial y colectiva. Nos conectan con la fuente de todo conocimiento. Cuando evocamos, nombramos o llamamos a esos códigos y símbolos a nuestra conciencia por medio de la visualización, estamos creando un puente entre nosotros y esa memoria original. Al hacerlo, traemos toda la información necesaria para materializar eso que deseamos. Entonces debemos alinear nuestra energía, intención y frecuencia para llevarlo al nivel de la manifestación.

Siempre suelo preguntar a las personas que vienen a respirar qué frecuencia quieren emanar, qué frecuencia quieren compartir. De esta manera, más que una imagen fija, se crea en el cuerpo un registro de una sensación que dará poder y consistencia a esa imagen que quieren representar. La clave reside en la coherencia que exista entre la visualización y el corazón.

Nuestro corazón, considerado un órgano que va muchísimo más allá del simple hecho fisiológico que conocemos, es un órgano multidimensional: no solo late físicamente, sino que también emite energía y genera una vibración conjunta que une nuestras emociones, sensaciones y deseos. Cuando la visualización está en armonía con esas emociones, y la autenticidad de nuestras intenciones se halla en conexión con nuestro corazón, se crea una poderosa resonancia que influye en la realidad que experimentamos, influye en la materialización.

La visualización va más allá de la simple fantasía; es un

acto creativo que nos conecta con la fuente más amplia de conocimiento y energía. Muchas personas vienen a mi consulta y, cuando les pregunto que si fantasean, responden que no, como si no se dieran permiso a ellas mismas para elevarse más allá de sus propias circunstancias o capacidades, como si hubiera algo malo en ser siquiera capaces de soñar con una vida más grande. Otras algunas veces responden que sí, y cuando les pregunto con qué sueñan, responden que con tener una casa en el campo con jardín y animales. Siempre las reto a que sueñen más allá incluso de cualquier posibilidad humana, que sueñen lo imposible, que sueñen más allá de cualquier idea de realidad. Porque soñar con una casa en el campo, jardín y animales es de hecho algo bastante fácil de conseguir, solo requiere de una decisión firme y el impulso de llevarla a cabo. Pero cuando hablo de construir una nueva Tierra, un nuevo sistema, una nueva sociedad, necesitamos imaginar lo inimaginable. Algo incluso imposible. Así, la realidad será eso que se cree en el camino medio entre lo que imaginamos y la realidad donde nos encontramos.

Cuando conectamos con la capacidad de imaginar, soñar, visualizar, estamos dando paso a conectar con nuestra capacidad de ser creadores activos de la existencia, podemos dar forma consciente a nuestras experiencias y materializar los deseos que están en lo profundo de nuestro Ser. ¡Sincronizarnos con el tempo de la vida! La visualización consciente implica la creación mental de imágenes e incluso de escenarios que quieras vivir. Y estas imágenes mentales que creamos deben estar alineadas con nuestra verdad, en coherencia con tu alma. Esto se traduce en que tus visiones deben estar en sincronía con tus valores, creencias y aspiraciones más profundas. Si las imágenes que creas no están alineadas con quien realmente eres, puede producirse una desconexión que no permita que se dé la manifestación de esa realidad. Ahí volvemos a la importancia del trabajo personal, al contacto contigo mismo en total sinceridad, sin ataduras de necesidades o de sueños que han sido impuestos por la sociedad.

Cuando esta energía fluye desde nuestro deseo más profundo, pasando por nuestras sensaciones abstractas que dan forma a esas imágenes, se une directamente con nuestro corazón, que es el encargado de generar nuestro campo vibratorio. No se limita solo a ser un motor que impulsa la circulación sanguínea: es el creador de nuestro campo electromagnético, que va más allá de nuestro cuerpo físico.

Este campo electromagnético no solo nos conecta con nosotros mismos creando nuestra propia energía, sino que además nos une con las diferentes dimensiones que podemos experimentar. Por eso es de gran importancia trabajar en la apertura y la alineación de nuestro corazón como centro y motor.

Por medio de él se crea la puerta por donde accedemos a la frecuencia más elevada.

Es como un imán, un canal y una vía de expresión de quiénes somos, de nuestra naturaleza, de la expresión de nuestras emociones más sublimes. Cuando nuestro corazón está limpio y activado, genera una frecuencia poderosa capaz de sanar no solo a nuestro propio Ser, sino también espacios, personas, lugares, e incluso a nuestro propio planeta.

Una teoría que a mí me aportó sentido y afirmó eso que intuía y sentía de forma abstracta es la del corazón helicoidal. La idea del corazón como un órgano multidimensional y su conexión con esta teoría se fusionan de manera fascinante. Resalta que el corazón es un creador de energía, un centro de conciencia que sigue patrones geométricos y helicoidales. Se centra en que la forma y el movimiento del corazón siguen una geometría en espiral, similar a un resorte que se enrolla y desenrolla. Esta geometría no está solo presente en la estructura física del corazón, sino que se extiende a los patrones de flujo de energía y conciencia que emanan de él. Esta espiral genera un movimiento continuo y dinámico, creando una conexión profunda entre el corazón y el flujo vital de la existencia. Al reconocer el corazón como un centro de energía, podemos entender mejor cómo su actividad no solo influye en nuestra salud física, sino también en nuestra conciencia y vibración energética. La espiral continua del corazón simboliza la constante evolución y transformación en la que estamos inmersos.

Al alinear nuestras intenciones con la geometría intrínseca del corazón, estamos participando en un proceso armónico con los patrones fundamentales que crean la vida. Así, la visualización consciente puede considerarse una forma de sintonizar nuestro corazón con esos patrones helicoidales, permitiendo una mayor coherencia entre lo que queremos generar, nuestras emociones y la energía que compartimos con los demás y el entorno. La conexión entre el corazón y la creación del campo electromagnético nos lleva a tomar conciencia de la interrelación entre su geometría y la generación de energía que influye en la realidad que experimentamos. En esta geometría en espiral y su movimiento se crea un patrón continuo que se plasma manifestándose en el plano físico. Por lo tanto, está en constante conexión entre el plano visible y el invisible, entre la materia y la energía. El campo electromagnético que genera nuestro corazón es considerado incluso más fuerte que el producido por el cerebro y se extiende más allá del cuerpo, creando un aura alrededor de nosotros.

Los campos electromagnéticos generados por el corazón no son estáticos; están en constante movimiento y creación. Emiten ondas electromagnéticas que llevan consigo información codificada en forma de frecuencias. Esta emisión no es simplemente un fenómeno biológico aislado, sino que se presenta como un medio de comunicación entre nosotros y todo lo que existe alrededor. Estos campos tienen la capacidad única de resonar y sincronizarse con otros que comparten frecuencias afines. Y esta capacidad de resonancia facilita una conexión dinámica entre el campo electromagnético del propio corazón y los campos de otros organismos vivos, como los árboles, animales e incluso los cristales. La sincronización de estas frecuencias implica una armonización, lo que significa que el campo del corazón no solo puede influir en el entorno, sino que también puede ser influenciado por él. Esta interacción genera un impacto en la forma en que percibimos y creamos nuestra realidad. Si consideramos que nuestras experiencias están vinculadas a las frecuencias y patrones electromagnéticos, la capacidad del corazón para resonar con estos patrones puede afectar nuestra percepción, nuestras decisiones y la calidad de nuestros vínculos.

Siguiendo la idea de que nuestro campo electromagnético generado por el corazón tiene como característica inherente la comunicación armoniosa, podemos concluir que, trabajando en la vibración y frecuencia que emitimos, estamos influenciando y aportando de forma positiva a la creación de la realidad que compartimos de forma consciente y activa. Esto evidencia la relación directa que existe entre nuestras intenciones y la realidad. Cuando entendemos esto, podemos abrirnos al empoderamiento que requiere afrontar la responsabilidad sobre la energía que creamos y nutrimos, además de darnos la certeza de que todo lo que hacemos está influenciando lo que pasa a nuestro alrededor; por lo tanto, tenemos la obligación de asumir lo que somos y de trabajar en pro de aportar algo que pueda dar frutos en la dirección en la que estamos deseando ir.

La coherencia cardiaca es un concepto que está cogiendo mucho peso últimamente. Se trata sobre todo de encontrar la armonización y sincronización de los ritmos cardiacos. Esto, por obvias razones, tiene una influencia en nuestra salud y bienestar. Trabaja directamente equilibrando nuestro sistema nervioso. Podemos conectar esta idea con lo que venimos reflexionando sobre la conexión directa entre el corazón y la realidad que experimentamos. La coherencia cardiaca pone más el foco en generar patrones armónicos en la actividad eléctrica del corazón. Cuando el corazón late de forma coherente, significa que está sincronizado con el sistema nervioso, lo que crea un estado de equilibrio y armonía en el cuerpo. Esta sincronización interna tiene también una influencia en el campo electromagnético del corazón, y un campo coherente es más fuerte y organizado, lo que facilita la comunicación con todo lo que lo rodea. Este campo puede así resonar de forma más efectiva sobre otros campos. Entonces, teniendo en cuenta la teoría del corazón helicoidal y la generación de un campo electromagnético coherente, la práctica de la visualización consciente puede potenciar aún más toda esa conexión.

Y de nuevo, todo nos lleva de vuelta a la base para conseguir esta coherencia, basada en nuestra amada respiración, ya que ella cumple un papel fundamental en la coherencia cardiaca. A través de la respiración consciente buscamos sincronizar la inhalación y la exhalación con los ritmos de nuestro corazón.

La relación que existe entre nuestra respiración, el movimiento de nuestro corazón y nuestro campo electromagnético es clave: trabajan en equipo para lograr la sintonía y la perfecta alineación.

Y a todo ello le sumamos la visualización, donde damos forma a nuestra más profunda intención, alineada con nuestra verdad y nuestra esencia, para que pueda funcionar como puente y dirección de la materialización que deseamos.

Cuando consideramos la multidimensionalidad del corazón, no solo tenemos en cuenta su función física y electromagnética, sino también su capacidad de conectarnos con planos más elevados de conciencia y energía. La geometría helicoidal del corazón podría entenderse como un símbolo de la interconexión entre los diferentes niveles de nuestra existencia, desde lo físico hasta lo espiritual. Esto implica que el corazón es una antena que facilita la conexión con dimensiones más sutiles de nuestra existencia. Con esto ya entramos en un tema que se sale un poco de lo que vengo explicando. Pero es importante entender el vasto alcance que tiene este órgano: más que un órgano, es un portal multidimensional y por lo tanto un altar sagrado que reside en nuestro pecho.

Algunas corrientes llaman a todo esto «los tiempos del corazón», «del cuarto chakra», «de la energía crística». Todas están enfocadas en la importancia del desarrollo de este centro de poder. Es más, el corazón es exactamente donde se unen las energías del cielo y la tierra que hemos visto anteriormente. Es en él donde se da la alquimia de ambos mundos y donde se traducen para ser expresados y compartidos con el entorno. Tanto es así que todo lo que atraemos, o la información con la que sintonizamos en estados alterados de conciencia, parte del nivel o frecuencia que está instaurado en el propio corazón.

Solo imagina que todo está en nosotros, tenemos las llaves, las respuestas, las herramientas y las vías para crear todo lo que nos propongamos. Tenemos una sofisticada estructura multidimensional que pasa por nuestro cuerpo físico, lista para hacernos volar y expandirnos.

Dentro de nuestro sistema, nuestras memorias, nuestras células, están las respuestas que venimos haciéndonos sin siquiera ser conscientes de que las anhelábamos. Somos parte de una conciencia inmensa que nos ama y que quiere expresarse a través de nosotros de forma plena. Todos nuestros átomos vibran en energía de creación y gozo. ¡Date permiso!

Date permiso para disfrutar de esta vida que te ha sido dada, de tu cuerpo, que es tu aliado. Date permiso para sentir con plenitud todo lo que quiera manifestarse a través de ti.

Date permiso para brillar, para ser grande, para ocupar tu lugar en este mundo.

Date permiso para evolucionar y para desarrollar toda la capacidad que tienes.

Te invito a que, de ahora en adelante, quieras mirarte con nuevos ojos, quieras soñarte despierto, alineado, deseando y aprovechando esta época de despertar que viene para nuestra humanidad. Deseo que además quieras ofrecer tus intenciones y evolución para el bien común, que quieras ponerte al servicio de este tiempo. ¡Estamos en el momento perfecto en el tiempo perfecto! Todo está listo y abierto para que podamos dar un salto cuántico.

Pero necesitamos estar bien firmes en saber quiénes somos y cuál es nuestro papel. Cuando eso está claro, la determinación nace y el orden se da. Solo imagina que cada uno de nosotros tuviera la conciencia del lugar que debe ocupar, sin comparaciones, sin dudas, sin querer abarcar lo que otro ocupa... Imagínate a cada ser humano alineado y en pleno conocimiento de quién es. El mundo encontraría orden.

Pasemos a otro tema, uno que tiene que ver más con la respiración en sí misma. Esta sabiduría que se despliega en nosotros al recibir la vida es la que despierta áreas de nuestra conciencia que necesitan ser manifestadas. Con la respiración damos vida a zonas olvidadas dentro de nosotros. Damos aire, luz, movimiento a la energía estancada o bloqueada en nuestro cuerpo. Es sumamente importante hacer esta constante revisión y ganar cada vez más espacio, tanto interno como externo.

Cuando hacemos nuestra respiración más amplia y larga, adquirimos más y más espacio interno para darles paso a funciones fisiológicas que sean más óptimas, y que por lo tanto nos ayuden a tener más claridad, más foco, más enraizamiento, más salud. Así estamos más despiertos y activos en los procesos biológicos de nuestro Ser, trayendo consciencia a cada espacio y célula de nuestro cuerpo. Les damos cada vez más amplitud a nuestras emociones y pensamientos. Y volvemos flexibles nuestras creencias, patrones, posibilidades.

Esto quiere decir que a mayor espacio interno, mayor movimiento energético, mayor conexiones neuronales, mayor oxígeno en tejidos, ¡mayor vida! ¡Así nos adentramos en el fascinante mundo de vivir!

¡Vivir por el puro gozo de estar vivo!

¿Cuántas veces has sentido esto? Cuando estamos en ese flujo de vida perfecto, empezamos directamente a resonar con el ambiente. Estamos en un momento de rescatar nuestra conexión con la naturaleza, y a medida que respiramos y somos conscientes de que todo en nosotros es parte de ella, empezamos a actuar de forma consecuente con el entorno en el que vivimos. Solo al respirar aire puro, llenando tus pulmones, tratando de respirar al mismo ritmo con el que todo respira, encontrando el pulso inherente de todo lo que existe, a través de sincronizar nuestra respiración con la ola vibracional infinita que genera vida en todas partes, nos damos cuenta de lo grandes que somos y de lo grande que es todo.

VI. EJERCICIOS

1

Reconociendo tu luz

¡Busquemos un lugar tranquilo para poder empezar! Cierra tus ojos y ve al centro de lo que tú entiendes por tu Ser. Respira profundo y pide conectar con la parte de tu consciencia que está menos influenciada por tus pensamientos o expectativas de lo que debería ser el entendimiento. Cuando estés ahí, visualiza una pequeña llama en tu pecho. Cuando la tengas, pon tu intención en esa pequeña llama pidiendo que te mantenga libre de toda necesidad de comprender de forma racional lo que empezaremos a contar. Y lentamente empieza a respirar, visualizando que esta llama se alarga de forma vertical cuando inhalas, y se expande de forma horizontal cuando exhalas. Mantente así unos minutos, inhalando y alargando la llama; y exhalando y expandiéndola. Poco a poco empezarás a percibir una sensación que te envuelve y que se genera desde el centro de esa llama. Sigue respirando e inundando más y más tu cuerpo de esta energía envolvente. Siente incluso el calor, siente la densidad de esa sensación, al mismo tiempo que sientes la ligereza de tu cuerpo energético, y observa cómo este cuerpo va creciendo más y más. Siente cómo tú eres luz.

¡Bienvenido a este espacio que se asemeja más al universo de lo que tú puedes creer!

¡Guíate por las sensaciones que tiene tu cuerpo mientras lees o escuchas estas palabras! Tus sensaciones son la manifestación de tu alma, son la forma en la que ella se intenta comunicar contigo; ella está queriendo hacerte consciente en todo momento de tus experiencias más soberanas, esto quiere decir que ¡tus sensaciones son las que te dan la información de quién eres! Cuando estés perdido en este relato, ve a tu cuerpo y enciende de nuevo tu atención en el centro de la llama que existe dentro de ti, recordando que esa llama es lo más cercano de ti al universo.

El trabajo consiste en afianzar tu campo vibracional desde el centro de tu canal central. Así cada uno debe tomar su espacio energético en este mundo. Cuando nuestros cuerpos vibracionales están definidos, no hay intercambio inconsciente de nuestras energías.

Esto trae oportunidades para nosotros de generar vínculos sanos y claros. Desde siempre las tribus y aborígenes conocieron esta verdad, y la describían como «el ombligo». Esto quería decir que estaban centrados en su ombligo con la intención de proyectar su aura desde el centro de su cuerpo. Con esto se aseguraban de no ocupar espacios que no les correspondían. Era muy necesario para ellos respetar el espacio vibracional de los demás. Así aseguraban el respeto absoluto de lo que cada uno era y debía ser. Al mismo tiempo ellos ocupaban su espacio sin querer ocupar el de otros.

¡Su sabiduría radicaba en que la interconexión era un éxito para todos! Cada individuo debía cumplir una misión específica en la comunidad. Como sabes, entre los seres humanos nos inspiramos para completarnos y activarnos. Pero una activación solo puede darse cuando la persona está encarnando esa energía que comparte con los demás. ¡Por eso es tan importante que cada uno ocupe su lugar con amor y dignidad! Emular la vida de otro solo lleva a un desvío de la transmisión, ya que no hay una delimitación real ni coherencia entre las cualidades que tienen los paquetes de memorias organizadas y listos para ser codificados por la persona a la que pertenecen.

Estamos en un mundo que funciona por códigos, más que por imágenes o formas. Hemos olvidado esta premisa dando mayor importancia a la forma que al propio paquete de memoria con la información que debe ser traducida o encarnada. En este caso, es fundamental que como seres humanos llevemos estos códigos de información al cuerpo, ya que es nuestro vehículo principal y el medio para generar suficiente fuerza en esa cualidad o energía que se está transmitiendo.

¡Tenemos la increíble oportunidad de vivir el mundo de la materia! ¡Con todos sus sentidos y placeres! ¡Esa es una de las verdades y virtudes que nos ha sido regalada en este plano! Por eso, las tribus antiguas basaban sus prácticas en danzas, comidas, juegos. Para ellos, la pureza del juego era indispensable e inherente a la vida. Su capacidad de asombro, su inocencia, era gran parte de su linaje estelar.

Cuando perdemos la capacidad de sorprendernos ante las maravillas de la vida, también perdemos nuestra esencia primordial. Esto es lo que está pasando actualmente con esta necesidad compulsiva de madurez relacionada con el éxito material y laboral. Muchos están gastando su vida en lugares que no satisfacen o nutren su deseo interno de placer. Están perdidos en un mundo de obligaciones y cuentas que pagar, desconectados de su brújula, de su voz interior, de su intuición. Persiguen metas que les han sido impuestas y no han tenido ni tiempo de parar a preguntarse con sinceridad si esas son las metas que su corazón está anhelando.

2

El observador

Todo trabajo de autodescubrimiento necesita un buen desarrollo de un observador fuerte, activo y presente. El observador es el responsable de traer ecuanimidad para valorar la realidad sin las trampas que el ego va poniendo todo el tiempo para justificarnos y no enfrentarnos a lo que realmente está pasando.

Un ejercicio que suelo enviar al comienzo de mis sesiones de terapia para las personas que están perdidas, sin centro o confundidas con respecto a su propósito, a quiénes son, a qué quieren, consiste en que durante varios momentos al día paren, inhalen, exhalen, describan el lugar donde se encuentran, sin opinión, y sigan caminando. Esto no supone más de treinta segundos.

Te sugiero que lo hagas varias veces al día, en distintos lugares. El objetivo es estar presente en tu cuerpo y desarrollar el observador, que es lo primero que se necesita para empezar cualquier tipo de ejercicio que te traiga a la conciencia.

Recuerdo a uno de mis clientes que le gustaba hacer todo a la perfección y cumplir con todos los ejercicios que yo enviaba. Puso una alarma cada cuarenta y cinco minutos para acordarse de parar y observar. Un día estaba en el banco y, mientras hacia la fila para que lo atendieran, entraron dos atracadores con pistolas. En ese momento justo sonó su alarma, así que él hizo el ejercicio de observación como yo se lo había propuesto. Fue el único que no se asustó y corrió a tirarse al suelo. Se quedó tranquilo, observando de forma neutral el acontecimiento. Al final, fue él quien pudo describir lo que había pasado, cómo iban vestidos los ladrones, etcétera. ¡Me llamó emocionado para compartir que el ejercicio había funcionado!

Lo importante es lograr estar unos segundos lejos de tus pensamientos.

Estar presente con todos tus sentidos como si ese espacio no perteneciera a un ritmo, rutina o inercia en la que normalmente nos vemos sumidos. Cada acto que realizamos, al repetirse una y otra vez, va creando un hábito, y ese hábito se va convirtiendo en un patrón, y ese patrón resulta ser parte de una inercia que transcurre a mucha velocidad y es muy difícil de parar.

Cuando queremos cambiar un patrón, necesitamos hacerlo poco a poco, bajando gradualmente la velocidad de la inercia, ya que esta es como un motor. No podemos frenarla en seco, necesitamos ir descomprimiendo, descompresionándola. Así, es básico desarrollar en todo proceso las cualidades de la paciencia, la confianza y el desapego al resultado. Y ser constantes en ejercicios simples que poco a poco transformen el automatismo en el que nos vemos cuando entramos en un patrón o inercia. Para eso, el observador será tu aliado y, además, la puerta para que el trabajo pueda darse.

Puedes desarrollar esta capacidad en ti con miles de ejercicios fáciles, que además pueden tornarse en algo divertido. Una propuesta es cambiar la forma de hacer cosas habituales en tu día; por ejemplo, cuando te duchas, prueba a alterar el orden de tus acciones, o hacerlo un día con la luz encendida, y otro con ella apagada. O en tu camino habitual hacia tu trabajo prueba a tomar otro rumbo, por calles diferentes. O comer con una mano diferente, etcétera. En definitiva, ejercicios que te ayuden a flexibilizar las conexiones internas en que tu cerebro suele hacer las cosas, para dar paso a nuevas vías.

3

Limpiar bloqueos y emociones

Sabemos que parte de lo que no nos permite fluir en la vida son las emociones que no han podido ser transitadas de forma sana y que crean bloqueos en el cuerpo, impidiendo la energía circular de forma total. Es importante que hagamos diariamente un ejercicio sobre el reconocimiento de esas experiencias o emociones que de alguna manera no nos permitimos sentir. Lo primero es reconocerlas, eso ya es un gran paso; después hay que entrenarnos en soltarlas y liberarlas. ¡La respiración es una grande maestra para esta labor! Te comparto un ejercicio que puedes hacer por la boca o por la nariz, lo que sea más orgánico para ti. Te recomiendo que no lo hagas durante más de diez minutos si no tienes práctica o conocimientos sobre *breathwork*. Nota los beneficios e intenta relacionarte con tus bloqueos de forma amorosa.

Siéntate o acuéstate en una posición cómoda. Asegúrate

de que tu columna esté recta, y coloca las manos suavemente sobre las rodillas o a un lado. Cierra los ojos para dirigir tu atención hacia dentro. Comienza haciendo algunas respiraciones profundas y conscientes. Inhala profundamente por la nariz llevando el aire hacia tu abdomen. Siente cómo se expande tu abdomen.

En la siguiente inhalación, lleva conscientemente el aire hacia tu pecho, sintiendo cómo se expande tu caja torácica. Siente cómo la energía fluye hacia la parte superior de tu torso. Exhala lentamente y de manera completa por la boca, liberando cualquier tensión o bloqueo que puedas sentir. Concéntrate en soltar y dejar ir.

Continúa con esta respiración, inhalando primero en el abdomen, luego en el pecho, y exhalando profundamente. Repite este ciclo varias veces, permitiendo que cada inhalación limpie y revitalice, y que cada exhalación libere tensiones.

Mientras inhalas, visualiza la energía fresca y revitalizante ingresando a tu cuerpo.

Imagina que esta energía fluye a través de ti, despejando cualquier bloqueo o tensión en su camino. En cada exhalación, visualiza que estás liberando cualquier bloqueo emocional o energético. Siente cómo estas tensiones abandonan tu cuerpo con cada respiración profunda. Mantén tu atención en la respiración y en las sensaciones de limpieza y liberación. Si surgen pensamientos, obsérvalos y permite que se vayan con la exhalación.

A medida que concluyes la meditación, toma un momento para agradecer a tu cuerpo y a tu mente por permitirte realizar este proceso de limpieza y liberación. Cuando te sientas listo, comienza a llevar tu atención de vuelta al entorno que te rodea. Abre suavemente los ojos.

4

Limpiar el canal central

Como ya he explicado, nuestra anatomía está constituida por un canal central. Es el que atraviesa todo nuestro cuerpo desde la raíz hasta la coronilla. Este canal se encarga de mantener nuestro balance energético, además de nuestra conexión con la Tierra, al mismo tiempo que con campos sutiles, y necesita estar activo y limpio. Es por medio de este canal que la energía puede fluir armónicamente para darnos la vibración adecuada para nuestro bienestar.

Siéntate en postura fácil, pon recta la columna, abre espacio en las cervicales, baja los hombros, relaja la mandíbula, respira profundo y exhala descargando cualquier tensión en tu cuerpo. Puedes incluso exhalar con sonido para dejar cargas o densidades fuera de ti.

Ahora imagina que en lo alto del cielo hay un cristal y que tú estás unido a ese cristal por medio de un cordón que sale de tu coronilla. Al mismo tiempo, imagina que en el centro de la Tierra hay otro cristal, al cual te une un cordón que sale desde tu raíz. Cuando estés listo, empieza a inhalar por tu coronilla como si una luz blanca cristalina entrara en ti desde el cielo y atravesara todo tu canal. Y exhala desde tu raíz hacia el centro de la Tierra. Inmediatamente inhala desde tu raíz subiendo la energía hasta exhalar por tu coronilla hasta lo alto del cielo; de nuevo inhala desde tu coronilla y exhala desde tu raíz, y así mantente tres minutos alternando tu inhalación y tu exhalación con la intención de que esa luz blanca que es movida por tu respiración vaya limpiando y aclarando todo tu canal central. Siente cómo te enraízas en la tierra al mismo tiempo que te alineas con el cielo.

Cuando hayas acabado, simplemente observa la sensación producida por el manejo de tu energía. Siente la solidez de tu canal y la ligereza de la limpieza.

Una de las mayores experiencias que podemos tener en este plano de conciencia es la expansión de nuestros sentidos. Esto implica un trabajo de reprogramación y desapego de toda creencia o pensamiento instaurados en nuestra percepción con respecto a lo que somos y los límites de tiempo y espacio. Nuestros sentidos son infinitos, pueden llegar a un desarrollo tal que traspasan la materia y cualquier estructura fija que conozcamos. Estamos totalmente entrenados para clasificar ciertos impulsos y referentes de lo que es la realidad. Estamos entrenados de forma consciente para recibir la información que es útil y que necesitamos para funcionar dentro de esta sociedad.

Por lo tanto, parte del trabajo es aprender a desarrollar y expandir estas vías de percepción; así, nuestro concepto del mundo cambia y también crece. Nuestra intimidad más grande está en la escucha y en la relación interna con nosotros mismos, y es en esta relación constante con nuestra forma de percibir y sentir donde se nos va mostrando el camino de entendimiento y conocimiento de quiénes somos.

Conocemos lo que percibimos. Los límites llegan y rozan hasta donde nuestra percepción alcanza. Pero la realidad es que somos un conjunto de formas cuya función y estructura es un misterio. Creemos que podemos explicarnos casi todo; es más, hemos ido creando teorías sobre quiénes somos desde que tenemos uso de razón. Esto nos da un marco de referencia y de alguna forma nos da seguridad, pero no quiere decir que esas teorías sean suficientes.

Somos mucho más de lo que podemos explicar o intentar entender.

Somos partículas de vida cósmica en constante movimiento y transformación.

Somos partículas de luz con propiedades increíbles. Somos una parte pequeña de una inmensidad.

Estamos siendo conscientes de una parte muy pequeña de lo que realmente somos. Cuando intentamos entender o percibir lo que hay dentro de nosotros, casi lo único que podemos describir es el universo. Formamos parte de ese universo en constante creación y materialización. ¿Por qué limitarnos? ¿Por qué no aspirar a sentirnos en totalidad?

Tu alma está aquí en busca de expansión, de desarrollo y de experimentación de tus sentidos, para ir más allá de los límites de lo que creemos o conocemos como real. Esto necesita que nos volvamos flexibles y adaptables a las leyes físicas, a las oportunidades y experiencias que la vida nos presenta. Para lograr esta expansión, debemos cuestionar cada día nuestro sistema de creencias, las ideas preconcebidas que tenemos sobre el mundo y los conceptos de quién creemos que somos. Debemos estar dispuestos a reconocernos cada día de una forma nueva, abiertos al crecimiento como un proceso constante.

Una de mis estudiantes me preguntó un día si en algún punto esta rueda de la sanación se acaba. Si hay un momento en nuestra vida donde ya no nos queda nada más que arreglar o sanar, donde podemos sentirnos finalmente al otro lado, donde nuestras heridas o traumas se diluyan. Y la respuesta es sí.

La sanación se da, las heridas se cierran, quedan como cicatrices para recordarnos por dónde hemos caminado, para recordarnos de dónde venimos. Pero hay un momento donde el sufrimiento para, cumple su ciclo y solo necesitamos seguir limpiando memorias, energías, patrones o simplemente experiencias del colectivo que vienen a nuestro campo para ser transmutados. Ya que la transmutación es una de nuestras cualidades.

Pero es una elección decidir crecer y evolucionar sin sufrimiento, ya que el dolor es parte de este plano y de las leyes de esta existencia, pero el sufrimiento es algo que podemos elegir.

Lo que nunca va a acabar es nuestra capacidad de evolucionar, de expandirnos, de crecer, de llegar más lejos. Siempre nos vamos a actualizar y se elevará nuestro estado de consciencia con las experiencias que atraemos en nuestro camino de vida.

Quiero recordarte que tienes la capacidad de elegir y fluir con lo que es mejor para ti, con lo que deseas profundamente materializar. Tienes el poder de transmutar cualquier experiencia, de traer luz y paz.

Tienes el poder de elegir y de crear.

5

Soltar todo lo que eres

Para poder abrir espacio dentro de ti para recibir lo que realmente tu alma pide, necesitas soltar cada idea fija sobre quién crees que eres. Nuestro personaje es una entidad elaborada que necesita mucha energía para mantenerse viva. Ocupa casi todo el espacio interno y mental que tenemos. Así que te invito a hacer conscientemente el ejercicio de soltar todo lo que eres con tu propia respiración.

Vas a empezar a inhalar por la nariz llamando a algo que quieres soltar de ti; empieza por cosas que no te gustan. Pon toda tu intención de soltarlo con una exhalación fuerte por la boca. Ve soltando poco a poco todas las emociones que no te ayudan, las cualidades que no sientes que te definen ya, las resistencias con las que te enfrentas cada vez que vas a dar un paso adelante, los pensamientos negativos sobre ti mismo, las críticas sobre otros, las quejas. Ve uno a uno, soltando con cada exhalación. Puedes hacer las exhalaciones largas para estar más presente en cómo se siente el cuerpo al soltar.

Cuando hayas acabado, empieza a soltar las cosas que te gustan de ti, suelta tus cualidades, tus virtudes, en lo que eres bueno, suelta el éxito que has conseguido. Suelta las personas a las que amas, los lugares que te han marcado, cualquier referencia que te defina. Suelta incluso las ganas de soltar..., y entonces siente la sensación de espacio dentro de ti. Piensa en cómo te sientes después de haber renunciado incluso a las cosas que amas. Medita. Observa tu cuerpo.

Estás escuchando esto desde tu posición individual; ahora imagina que eres otra persona con ideas y creencias diferentes a las tuyas. ¿Cómo solucionarías una situación que estés viviendo en este momento? Haz el ejercicio de nombrar esa situación, da una solución desde el concepto de tu yo actual, y después da una solución desde una perspectiva totalmente diferente.

Juega. Crea personajes. Ilumina tu mente con posibilidades infinitas de respuestas.

La conciencia está formada por múltiples posibilidades, cada elección de tu vida te ha llevado a un lugar o a otro. ¿Has pensado en cómo sería tu vida si un solo suceso importante hubiera sido diferente? ¿Has pensado cómo sería poder recrear tu vida una y otra vez? Estamos seguros de que existimos solo en una situación aislada. ¿Qué pasaría si tuvieras acceso a las múltiples realidades que hubieran podido crearse según tus decisiones?

Es muy complejo de entender y asimilar. Con esto solo quiero que flexibilices tu mente a lo que es la realidad. Cuanto más flexible estés, más abierto te mostrarás a recibir lo que necesite ser recibido y asimilado.

6

Espacio vacío

Cuanto más espacio haya en ti, mayor es tu capacidad para que la energía y el Espíritu te visiten y te atraviesen.

Busca un lugar dentro de ti donde haya un espacio vacío; ese lugar debe estar iluminado por la paz. Es un espacio donde te sientes totalmente suspendido en el tiempo y el espacio. Un lugar infinito de estado de simplemente ser. Cuando lo encuentres, empieza a sentarte ahí como si fuera un lugar real.

Puedes observarte pequeño dentro de este lugar. Poco a poco empieza a agrandarlo. Hazlo más y más grande. Y disfruta de la sensación de no tener deseos, expectativas, futuro. Como si solo existiera este lugar y este momento, y todo estuviera suspendido ahí.

Intenta relacionarte cada día un poco con ese lugar. Siente cómo se despliega desde dentro hacia fuera, más allá de lo que puedes observar. Concéntrate en la sensación de calma y de neutralidad que existe en este lugar.

Hay un silencio que retumba en todas partes.

Hay un centro que mantiene todo unido, compacto, conciso. Este lugar es tu conexión contigo, con la mente que te crea.

Estás dentro de tu mente. Respira profundo y entra en la vibración de esta respiración, que coincide perfectamente con el espacio a tu alrededor. Desde este lugar donde no existe nada más que espacio podemos empezar a crear lo que necesitamos para nuestro futuro, ese futuro que nos involucra a todos. Fuera de toda idea egoísta sobre nuestra pequeña vida, se vuelve más grande la intención de crear algo inmenso para todos. Cuando unimos nuestras mentes y corazones en un estado de coherencia con las necesidades actuales de la humanidad y el planeta, podemos generar aún más cosas grandes sobre lo que queremos manifestar.

Así, imagina cómo sería un mundo ideal para ti. No te preocupes de si es posible o no, sé generoso con tus ideas y déjate llenar de imágenes, de colores, de sensaciones. Recuerda que cuando estos pensamientos están apoyados por una emoción en coherencia con tu corazón, el campo electromagnético da suficiente poder a esa visualización.

7

Generar sincronía
con el corazón de la Tierra

Siéntate en una posición cómoda o acuéstate, manteniendo la columna vertebral recta y las manos descansando suavemente sobre las rodillas o a un lado. Cierra suavemente los ojos para dirigir tu atención hacia adentro.

Comienza haciendo algunas respiraciones profundas y conscientes para relajarte. Inhala profundamente por la nariz y exhala lentamente por la boca. Repite este proceso varias veces. Lleva tu atención a tu propio latido cardiaco. Siente el ritmo y la cadencia de tu corazón en tu pecho.

Cuando lo tengas, visualiza la Tierra en tu mente. Imagina que puedes sentir el pulso de la Tierra, como si estuvieras conectado a su corazón. Siente este latido sereno y constante. Visualiza su propio corazón. Con cada inhalación, imagina que tu corazón se sincroniza con el latido de la Tierra. Siente cómo tu corazón y el corazón de la Tierra laten al unísono, creando una armonía profunda.

Continúa respirando conscientemente, permitiendo que esta sincronización se fortalezca con cada respiración. Siente la conexión profunda entre tu propio ritmo cardiaco y el pulso constante de la Tierra. A medida que avanzas en la meditación, expande tu conciencia para sentir que estás conectado no solo a la Tierra, sino a toda la naturaleza.

Siente la unidad con todo lo que te rodea.

Tómate unos momentos para agradecer por esta conexión y por la oportunidad de sincronizar tu corazón con el latido de la Tierra.

Cuando estés listo para finalizar, lleva tu atención de nuevo a tu propio latido cardiaco. Agradécele a tu corazón por su constante trabajo y siente la conexión que has cultivado.

Abre suavemente los ojos cuando te sientas listo. Lleva contigo la sensación de conexión y armonía a lo largo de tu día. ¡Recuerda que estás realmente sincronizando tu campo electromagnético con el de la Tierra! Camina con esta sensación de unión.

8

Retenciones

Así comenzamos a desarrollar nuestra conciencia a través de nuestra relación con la vida, utilizando nuestra respiración como medio. Al mismo tiempo, podemos trabajar con los opuestos de esta apertura para vivir con fuerza y vitalidad, lo cual está relacionado con la expansión de nuestra conciencia. En medio de la respiración se encuentra una parte esencial e igualmente importante del proceso de expansión de los sentidos. Con esto, introduzco una práctica que personalmente encuentro muy poderosa: la suspensión de la respiración. Así damos paso al fascinante mundo de las retenciones.

Las retenciones voluntarias son un campo de investigación sobre estados alterados de conciencia y son portales de conexión con energías sutiles. Imagina que nuestros sentidos dan forma y traducción a los inputs del ambiente, lo que nos hace estar y vivir en este plano de realidad. En las retenciones, suspendemos temporalmente estos sentidos, lo que nos lleva a experimentar por breves segundos una conexión con la totalidad, o nuestra cualidad que se asemeja a esa totalidad. Es el momento donde el tiempo y el espacio se suspenden. Por lo tanto, las retenciones son momentos de comunión con el Espíritu. Al recibir nuestro aliento, es decir, nuestro Espíritu, estamos en perfecta unión con esa energía.

Te invito a conocer más sobre estos espacios practicando retenciones de forma gradual y segura. Nunca fuerces tu capacidad de sostener una retención; deben construirse y crearse poco a poco, aumentando tu capacidad de sostenerlas.

Las retenciones son la base de las filosofías yóguicas y del manejo del prana, la energía vital. Durante una retención en la respiración, ya sea después de inhalar (retención tras la inhalación) o después de exhalar (retención tras la exhalación), ocurren diversos cambios fisiológicos en el cuerpo. Estos cambios están relacionados con la regulación del oxígeno y el dióxido de carbono, así como con la respuesta del sistema nervioso autónomo. Es asombroso cómo el cuerpo, en su afán de adaptarse a estos estados no ordinarios, genera vías inteligentes para equilibrarse.

Al retener el aliento, se da más tiempo a los pulmones para absorber y utilizar el oxígeno disponible. Esta práctica regular puede fortalecer los músculos respiratorios y mejorar la eficiencia en la utilización del oxígeno, beneficiando la capacidad respiratoria general. El diafragma, comprometido en sostener la expansión pulmonar y mantener la posición del cuerpo, se fortalece también, mejorando la función respiratoria y teniendo efectos positivos en la postura y la salud del núcleo del cuerpo.

La práctica consciente de retenciones en la respiración tiene la capacidad de influir en el sistema nervioso autónomo. Las retenciones prolongadas y controladas estimulan el sistema nervioso parasimpático, responsable de la respuesta de relajación. Esto reduce inmediatamente la reacción al estrés, disminuye la frecuencia cardiaca y mejora la capacidad de gestionar emociones que a menudo nos desbordan. Al sincronizar la respiración con las retenciones y exhalaciones, se puede lograr la coherencia cardiaca de la que hablamos. Esto significa que la variabilidad del ritmo cardiaco se vuelve más ordenada y armoniosa, lo que tiene beneficios directos para la salud cardiovascular y, por ende, influye en nuestras emociones.

Además, al estar completamente inmerso en la respiración y las retenciones, se fomenta la atención plena y la conciencia del momento actual. Las retenciones en la respiración a menudo se ven como una forma de unir la experiencia corporal, mental y espiritual. Así como la respiración se considera un puente entre lo físico y lo espiritual, las retenciones son esos momentos de transición que permiten una mayor conexión y equilibrio entre estos aspectos de la existencia.

Puedes adoptar la posición de bebé, también conocida como «balasana» en el yoga. Es una posición de descanso que proporciona relajación y estiramiento en la espalda, los hombros y las caderas. Colócate en una esterilla de yoga o en una superficie cómoda. Arrodíllate con las rodillas separadas a la anchura de las caderas. Lleva los glúteos hacia los talones y sienta el peso del cuerpo sobre ellos. Inclínate hacia delante desde las caderas y extiende los brazos hacia delante en el suelo. Lleva los brazos lo más lejos posible para sentir un estiramiento en la columna vertebral. Deja que tu frente descanse suavemente en el suelo, con la intención de honrar, de soltar. Permite que tu cuerpo se relaje completamente en esta postura. Deja que la gravedad haga su trabajo para estirar y relajar la parte baja de la espalda.

Inhala profundamente y exhala largo, quédate unos minutos respirando de forma lenta y consciente en esta postura. Observa cómo tu abdomen se expande y se contrae. Así puedes sentir toda tu columna y tus órganos mientras postras tu frente en el suelo, en actitud de entrega.

Cuando te sientas cómodo en esa respiración, puedes comenzar a realizar pequeñas suspensiones en la respiración, intentándolo con pulmones llenos y después con pulmones vacíos. Hazlo solo hasta donde sientas que puedes aguantar; intenta respetar tus ritmos y tiempos.

No fuerces ni compitas con nada.

Simplemente estás experimentando cómo se siente suspenderte en ese espacio y unirte con la energía de tu propio Espíritu.

Estate atento a tus necesidades en el momento. Notarás que hay una de esas suspensiones o retenciones que te resulta agradable, en la que te es más fácil fusionarte con la energía. Cuando inhalas y retienes, es una señal de tomar la energía de ese Espíritu a tu favor, vitalizando tu entrega y elevándola. Por el contrario, cuando te sientes más cómodo en la exhalación y las retenciones posteriores, quiere decir que tu forma de fusionarte es mediante la entrega, el poder desaparecer como individuo y ofrecer tu energía al cielo o al Espíritu. Ambas son conexiones profundas. Esto significa que ambas te llevarán a una conexión fuera del tiempo y el espacio. Solo son vías con cualidades diferentes, cada una correspondiente a tu propia naturaleza.

Por ejemplo, a mí me resultan extremadamente cómodas y familiares las retenciones en vacío. Como ya habrás notado, soy una persona que se siente bien en esa desintegración de mi propio espacio corporal. Es mi lugar protegido y donde encuentro una fusión con mi Espíritu y conexión con la muerte.

Ve practicando poco a poco, ya que es algo delicado para hacer a la ligera. Puedes hacerlo también en la postura fácil, con la columna erguida y alineada. La respiración en cuatro tiempos es una técnica que implica dividir cada fase en cuatro partes iguales, generando una proporción específica en la duración de la inhalación, retención, exhalación y retención después de exhalar.

Siéntate o quédate de pie en una posición cómoda. Inhala lentamente contando mentalmente hasta cuatro tiempos.

Llena tus pulmones gradualmente durante estos cuatro tiempos, permitiendo que el abdomen y el pecho se expandan. Alcanza el punto máximo de la inhalación y retén la respiración. Mientras retienes la respiración, cuenta mentalmente hasta cuatro tiempos. Durante esta fase, mantén la atención en la sensación de plenitud en tus pulmones.

Exhala lentamente durante cuatro tiempos. Vacía tus pulmones de manera gradual y controlada. Llega al final de la exhalación y retén la respiración después de exhalar. Cuenta mentalmente hasta cuatro tiempos mientras mantienes la retención después de la exhalación. Durante este periodo, observa la sensación de vacío en tus pulmones. Puedes ajustar la duración de los tiempos según tu comodidad, y así ir aumentando en la medida que más te convenga.

Investiga, disfruta y sana por medio de estas retenciones tus impulsos o tus miedos a expandirte.

Así podrás ir creando registros fáciles y simples que educarán a tu cuerpo en la sensación de unión con el todo.

Espero que estos ejercicios te sean de ayuda. Muchas veces, los miedos y resistencias provienen de una zona de confort limitada. Al practicar retenciones, te desafías a ti mismo a expandirla. A medida que te vuelves más cómodo con las retenciones, puedes aplicar esta adaptabilidad a otros aspectos de tu vida, facilitando el crecimiento personal. Al incorporar las retenciones en tu práctica, estás creando registros mentales y corporales. Tu cuerpo y mente se acostumbran a la sensación de expansión y contracción, estableciendo una nueva forma de relacionarse con las experiencias internas.

Estos registros pueden ayudar a generar una mayor coherencia entre la mente y el cuerpo.

Muchas veces buscamos ejercicios complejos y exigentes, creando en el interior una especie de frustración si no alcanzamos la meta propuesta, pero esta es una mala costumbre que tenemos. La mejor forma de aprender es crear hábitos que se puedan construir paso a paso; por eso siempre me gusta compartir los ejercicios más fáciles y que sé que todos podemos llegar a practicar y ver los resultados. Cuando nos fijamos metas que no podemos cumplir, normalmente generamos una sensación de renuncia ante la frustración que nos ha generado la falta de éxito en nuestras metas. Por eso, te invito a que seas flexible contigo y también paciente; tómalo como una investigación y curiosidad que va naciendo en ti.

A modo de conclusión, recuerda que la conciencia es algo inmenso que es mejor abarcar paso a paso, en relación constante y persistente, dejando que la integración de ese vasto concepto pueda entenderse de forma segura y duradera. No desees estar en un lugar donde no pases por todos los caminos necesarios para ti.

Algo muy importante es que no compares tu proceso con el de los demás; eso es inútil y solo te quita energía vital que necesitas para estar presente en tu propio proceso evolutivo. Recuerda que tu Espíritu siempre está ahí para ti, sabiendo exactamente lo que necesitas y cómo conseguirlo. Así que encuentra tu forma única y auténtica de ser y estar.

Igual que con este libro: toma lo que te sirva y resuene contigo; lo que no, déjalo ir sin mayor importancia.

Recuerda que las verdades no existen como las sentimos o creemos. Son totalmente personales e íntimas. Encuentra con esto tu verdad, que tiene más que ver con lo que funciona para ti y cómo adaptarlo para generar nuevas formas y canales de entendimiento sobre lo que es la existencia y el universo.

Invito a todos los lectores de *El espíritu de la respiración* a unirse en mi web al Rezo a la Tierra, once días de meditaciones.

www.inbreathtraining.com/course/rezo-a-la-tierra

Agradecimientos

Me siento conmovida con mi vida y el giro que ha tomado. Me siento conmovida de poder dedicarme a lo que amo con tanta pasión y que el trabajo se expanda y sea recibido por tantas personas. Finalmente, la realidad se ha manifestado ante mí. Ha superado las expectativas que podía tener o imaginar.

Principalmente quiero agradecer a Mau, mi compañero de vida y de propósito: sin él, mucho de esto no sería posible. Agradecer a ese pacto que nuestras almas hicieron para poder abrirnos, encontrarnos y vivir desde la armonía.

A mis hijas Magica y Brisa, por ser mi faro, mi guía, mi inspiración y sobre todo por haberme enseñado sobre el amor incondicional.

A mi abuela, Ani, que ha sido mi maestra y la que me introdujo desde pequeña al mundo de lo invisible.

A mi hermano Felipe, que ha sido mi otro brazo, mi apoyo, esa mitad que siempre me ha complementado, caminando conmigo desde antes de venir a este mundo.

A mi mamá Rosana por su apoyo y tolerancia, por el respeto absoluto de quien soy y he sido, mostrando siempre admiración y aceptación por mi camino.

Sobre todo, agradezco a la vida que se muestra y se presenta con tanta belleza y sabiduría. A nuestro planeta que nos ama y sostiene desde el amor más puro. Al aire, fiel gurú y poderoso aliado. A todos mis guías por las instrucciones claras y el apoyo incondicional. A todos mis profesores y amigos que han sembrado dentro de mí semillas que ha crecido y florecido.

«Para viajar lejos no hay mejor nave que un libro».

EMILY DICKINSON

Gracias por tu lectura de este libro.

En **penguinlibros.club** encontrarás las mejores recomendaciones de lectura.

Únete a nuestra comunidad y viaja con nosotros.

penguinlibros.club

Penguin
Random House
Grupo Editorial

 penguinlibros